Durs Grünbein
Zündkerzen

Gedichte

Suhrkamp

Erste Auflage 2017
© Suhrkamp Verlag Berlin 2017
Alle Rechte vorbehalten, insbesondere das der Übersetzung,
des öffentlichen Vortrags sowie der Übertragung
durch Rundfunk und Fernsehen, auch einzelner Teile.
Kein Teil des Werkes darf in irgendeiner Form
(durch Fotografie, Mikrofilm oder andere Verfahren)
ohne schriftliche Genehmigung des Verlages reproduziert
oder unter Verwendung elektronischer Systeme
verarbeitet, vervielfältigt oder verbreitet werden.
Druck und Bindung: Pustet, Regensburg
Printed in Germany
ISBN 978-3-518-42753-8

Für Ellen

I

Gigantische Agenda, dieses Leben –
Das so ganz anders kam und dann doch so.
Wir sehen uns, wenn wir die Augen schließen,
In einem Fahrstuhl, der die Jahre wie Etagen zählt.
Oft steigt einer mittendrin aus, läuft auf sich zu
Den Flur hinab, sein eigener Doppelgänger.
Die Hälfte ist Stolpern, an falsche Türen Klopfen,
Weil von außen ein Herz aufgemalt ist. Und dann –
Dies Niedersinken vor Müdigkeit, das so gut tut.

Von Tag zu Tag fällt nun ein Blütenblatt
Aus dem irren Blumenstrauß, der die Vase gestern
Beinah zum Explodieren brachte in seiner Pracht.
Blaue Hortensie, wilde Anemone, schwarze Tulpe –
Das klingt alles nach freier Improvisation:
Etüden für ein Spielzeugklavier – haltloser Vers.
Und Haltlosigkeit heißt: Wir sterben
Unmerklich, und plötzlich macht es uns Freude,
So zu leben, als ob wir unsterblich wären,
Während Schrift uns eindämmt, und jedes
Einzelne Wort ist zentral. Nun fang an,
Schreib ein Buch deiner täglichen Schwächen.

Rohe Eier

Es kamen die Eiszapfendiebe,
Sie brachen den Wörtern die Spitze ab.
Sie waren die Partisanen des Neuen.
Nach ihnen blieben die Fragen.

Was ist denn das Neue, fragten
Mit ernsten Mienen, drei Tage lang,
Die Gelehrten verschiedener Disziplinen
Auf ihrem Kongreß über Serialität.

Autos kamen vom Fließband, Ideen
Frisch aus der platonischen Werkstatt.
Und war nicht ein Menschenleben

Ein Tropfen Öl auf dem heißen Asphalt?

Wie tief ein Gedanke auch war,
Wir hielten uns an sein Volumen.
Unsere Erfindungen, wie rohe Eier
Trugen wir sie durch den Straßenstaub.

Unsere Empfindungen hingen daran.

Das grüne Billardtuch Musik,
Auf dem die Worte, hingestreut,
Wie Diamanten herrlich rollten,
Ist nun ein Mottenfraß, zerfetzt.

So hat sie keiner mehr gehört,
In diesen abgestandenen Räumen,
Die letzte katatonische Kadenz.
Der neue Klang stand in der Tür.

Ein schöner Morgen war das, als
Die Welt sich sonnte in Geräuschen.
Von überall kam und weit her
In den stellaren Terminal der Krach.

Der Himmel überm Glasdach und
Die Lichtflut unten sind nun eins.
Das Ohr glüht im Maschinenchor,
Ein Trichter für die *Amériques*.

Das grüne Billardtuch Musik
Flattert im Landwind an der Reling.
Ein Ozeanriese ankert da, begrüßt
Von den herbeigeeilten Kindern
Aus der Allee der Enthusiasten.

Hotel Panama

Wissen wir, wo wir erwachen in einer Nacht,
Tief in der Zukunft? Die Fensterläden sind dicht,
Die fremden Leuchtreklamen defekt.
Die Luft schwirrt von Namen, die wir
Nur mit Mühe aussprechen können.
Wir wissen es nicht.

Man hat uns gewarnt. Er geht wieder um,
Der Gott der Seltsamkeiten, der alles vertauscht,
An dem alles vorüberrauscht: Spielplätze,
Die wir am Lärm erkannten, Blumenstände,
Neue Cafés mit jungen Leuten, stark tätowiert.
Sogar die Sehenswürdigkeiten der Städte
Sind nun verstellt.

Schiffe tauchen zwischen Fabriken auf,
Bunte Flaggen an Wäscheleinen. Es könnte
Ein Isthmus sein, irgendwo zwischen Bosporus
Und Panama, und das Meer ist nah.
Es fängt in der Hotellobby an, am grauen Stuck
Der Rosetten über der schummrigen Bar,
Die noch gestern woanders war.

Wenn Gestern der Ort ist, der Halt verspricht
Im Fluß der Tage und Namen, an die wir uns
Klammern müssen als notorische Sammler.
Aber das tut es nicht. Den Gefallen
Tut es uns Wallfahrern nicht.

Psyche läuft

Es gibt Tage, da hilft nur das Laufen mitten hinein
In den Menschenstrom, der die Straßen füllt bis zum Rand.
Laufen, Laufen – süchtig, wie du bist nach Gesichtern,
Eine Schneise schlagen durch den dichten Verkehr.
Dann wird die Stadt zur offenen Psychiatrie. Unerkannt
Trägst du, was nur du tragen kannst, das Gewicht
Deiner Psyche. Fühlst dich angenehm leer.
Es gibt dich, es gibt dich nicht – du, mit jedem gemein.

Einsamkeit war die Menge, die jeder teilte,
Und seit der Schulzeit der größte Schwindel: Mathematik.
Eine Übung, sich selbst zum Verschwinden zu bringen,
Grausame Lehre, die jede Vermessenheit heilte.
Die Lösung hieß Laufen, Laufen. Vom Hirn, vom Genick
Ging es aus durch die Stadt in konzentrischen Ringen.

Monatsblut

Was für flüchtige Existenzen wir sind. Nach uns
Sind die Stätten unseres Auftritts sofort wieder leer,
Als hätten wir nie gelebt.
           Zum Beispiel wir zwei,
Die nach der Liebe das Zimmer verließen, wissen:
Das Bett mit den Flecken vom Monatsblut
Könnte an jeden erinnern. Was muß geschehen,
Vergewaltigung, Mord, ein namenloses Verbrechen –
Bis man das Blut im Labor untersucht, von Polstern
Haut- und Haarproben nimmt,
Und was würde es ändern?
Wir sind nicht mehr da.

Bleib bei mir, hörst du?
Bitte bei mir bleiben. Ich halte es sonst nicht aus:
Das Inferno des täglichen Terrors, den Triumph
Dieser Tauschwirtschaft, die alles trügerisch macht,
Alles in Produkte verwandelt,
Die Orte entleert.

Jeder Mensch ist ein Brillant
Im Rohzustand, einmalig
In seiner verborgenen Art.
Wieviel Selbstdisziplin
Schon ein Lächeln braucht
An der richtigen Stelle
Gesetzt, eine Zuwendung,
Und erst das lösende Wort.
Für immer ein Rätsel bleibt,
Warum das Mädchen im Bus
Uns, ohne genervt zu sein,
Freundlich Auskunft erteilte.
Dabei fuhren wir über Dörfer
Mit hoher Arbeitslosigkeit,
Vielen Migranten, und doch
Gelang dieser Augenblick.
Nichts Schlimmes geschah.
Erst später am Bahnhof
War voll wieder die Härte da.
Stinkende, kalte Ecken,
Müll vor dem Schnellimbiß,
Ein leerer Paßbildautomat.
Die Frau am Kartenschalter
Starrte auf ihre lackierten
Nägel, bevor sie stumm
Das Restgeld herüberschob.

Solo mit Pantomime

Oder war das ein Traum? Was fiel dir ein,
Ein ganzes Leben auf Worte zu bauen?

Worte, die um die Erscheinungen kreisen
Wie Elektronen in einem Atom-Modell.

Worte, die ihre eigenen Launen haben,
Ihre Ladung, ihr Leuchten, ihr Lexikon,
Eine flüchtige Bleibe in jedem von uns ...

Und die doch selten zur Ruhe kommen
An der Peripherie unserer Psychen.
Was, wenn Stille das letzte Wort behält?

War nicht der Körper ein Pantomime
Auf den Straßen, im Alleingang, gehüllt
In sein körpereigenes Schweigen?

Dann war das Gehirn eine Blume,
Die sich auf Knopfdruck öffnen konnte?

Die Horde Spatzen im Straßengraben, beim Sonnenbad
In ihren Staubkuhlen, dichtgedrängt, Flügel zerzaust,
Erinnert daran, wie wir als Kinder, Trolle der Pubertät,
Eigentlich Prinzen, stundenlang auf dem Rücken lagen.

Herumlungern hieß das, von den Nachbarn beunkt,
Ein gefährliches Spiel, das jederzeit umschlagen konnte.
Denn Nichtstun macht närrisch. Man sprang dann auf,
War auf Beutezug, Abenteuer, Zerstörung aus.

Besonders im Sommer, wenn die Mähdrescher rollten
Durch Schwaden Getreidestaubs, stach uns der Hafer.
Weit zurückgelehnt auf den Fahrrädern, sausten wir
Freihändig die Landstraßen bergab, überglücklich
Bis zur letzten Todeskurve.

Die Knie brannten, im Sturz aufgeschürft, und das Blut
Löschte der Staub. Ein scharfer Schmerz stieß uns wach.
Wir hockten auf Feldsteinmauern, unreife Äpfel
Auf Autos schleudernd, johlend bei jedem Aufprall.

Kein Mohnfeld war sicher vor uns. Keine Böschung,
An die wir nicht Feuer legten mit einem Scherben Glas –
Aus bloßer Langeweile, im Kopf nur Indianerfilme.
All das war wieder da beim Anblick der Spatzen im Staub.

Decolleté

Manchmal genügt ein Schlüsselbein,
Der Sturz in ein Augenpaar –
Und Schmerz flammt auf
Über allen Verzicht und Verlust
In einem Menschenleben.
Nun zeigt sich: Es ist sehr kurz,
Gleich vorüber die Hauptsaison.
Vergeben die Chancen, Avancen.
»Letzte Runde«, ruft der Kellner
Und klaubt die Servietten auf.

So leicht erreichbar schien vieles.
Aber nun ist es ein Ausverkauf,
Ein Schimmer zwischen Terminen,
Reiseplanung, Zahnprophylaxe
Im Turnus zum Festtagsfinale,
Und es gilt, früh zu buchen.

Ein Blick in die Kontaktanzeigen:
Es geht um Sehnsuchtsdaten,
Haarfarben und Oberweiten.
Die B-Seite des Lebens
Hat angefangen: Zwölftonmusik,
Auch für ungeübtere Ohren.
Immerhin wächst die Rührung
Stündlich. Man wünschte, man fiele
Nicht ganz so tief. Wünschte, man wäre
Wieder das unbeschriebene Blatt.

Es ist so still in der Wohnung, die Wände flimmern.
Die Stahlrohrmöbel brüten ein Geheimnis aus.
Verstummt sind im Regal die Bücher, sie hüten
Die Zeit der Toten, den Kontrapunkt zur Lebenszeit.
Es ist verteufelt still. Nur die Pfingstrosen schreien,
Ihre Blütenblätter – weit aufgerissene Kehlen.

In ihrem Zimmer entdeckt die Teenager-Tochter
Gerade die Liebe. – *Durex*: Die leere Verpackung
Wird unters Bett gefegt. Sehnsucht,
Das sind im Augenblick ein paar schöne Worte
Wie *hauchzart, gefühlsecht.*
                                    Knutschflecken
Markieren den Übergang ins Reale, vampirische Male.
Die SMS streicht durchs Haus, weckt Gespenster,
Tauscht sie mit den Lebenden aus, annulliert Ferne –
Macht jede Nähe im Raum virtuell. Es ist so still
In der Wohnung, während die Rosen verenden.

Die siebte Welle

Es war die siebte Welle, die uns niederschlug.
Sie kam von fern, ein alter grauer Brecher,
Verwittert wie der Fels von Gibraltar.

Als ob Altäre stürzten, war das, ganze Kirchen,
Die Straßenzüge bombardierter Innenstädte.
Das Meer begrub uns unter Tonnen Schutt.

Aber das war nicht das Ende. An der Stelle,
Wo sich Himmel und Wasser vermischten,
Hinter den Bojen, tauchten wir wieder auf.
Wie neugeboren, aus Gerinnseln von Schaum.

Das gab es nicht – Liebe,
Nicht als Naturkonstante. Doch was es gab,
War der Gezeitenwechsel in den Psychen,
Waren im Körper intermittierende Kräfte.

War die wandernde Sucht gleichen Namens.

Gewisse Stellen

Für Christine Becker

Äpfel im Supermarkt, Pfirsiche, aussortiert
Wegen der Druckstellen, braungefleckte Bananen,
Viel zu lang klebt der Blick an ihnen.
Er kann sich nicht lösen, studiert den Verfall.

Besonders erbarmungslos drücken
Mit ihren Knochenfingern die alten Leute zu.
Verwundete Feigen, Pflaumen, grotesk verbeult,
Man legt sie zurück, angewidert und fasziniert.

Wir sind wie dieses ramponierte Obst, sagt sie,
Durch viele Hände gegangen, beschädigt,
Nur sieht man es nicht. Versteckt unter Kleidern,
Erholt sich die Haut von den Blutergüssen.
Doch an der Kasse leuchten die Augen auf,
Unbestechlich, diesseits der Sterbelinie.

Eine Frau in der Schlange mit nackten Armen
Legt Orangen aufs Band, Kiwis. Sie zeigt
Ihre Veilchen, die Liebesspuren der letzten Nacht.

Artischocken

Am besten erfaßt sie der Daumen,
Diese spitzen Blätter der Schließfrucht,
Eng gewickelt um einen Rocken,
Drachenschuppen, die immer weicher,
Zarter werden aufs innerste Herz zu,
Das von Härchen bedeckt liegt, im Heu.

Ein Korb voller Blütenköpfe am Markt,
Reiche Ernte des Fallbeils. Die Hälse
Werden lang abgetrennt, wie in China
Die Gurgeln lackierter Gänse.
                                Das sind sie,
Schrumpfköpfe außerirdischer Krieger,
Grüne Abendmahlskelche, entblättert
Auf der Suche nach dem Fleisch,
Gepanzerte Dolden am Stiel.

Groß die französischen, in Stein
Gemeißelt der beste Balustradenschmuck
Für die Orangerie von Versailles,
Sind die römischen kleiner, dornenlos,
Und schmiegen dem Gaumen sich an
Wie ein Haufen Mafiosi
Seinem blutigen Clan.

Die weißen Laster auf dem Weg nach Süden
Und die in der Gegenrichtung: ein endloser Strom
Von Gütern und Müll, Maschinen und Früchten
Ergießt sich durch die Alpentäler,
Über die Pässe, durch betonierte Schluchten.

Große, zerrüttete Wolken ziehen mit
Auf den Windschutzscheiben, und Nachtfalter
Rascheln im Weinlaub entlang der Trassen,
Wo eine schwarze Bremsspur Unheil verkündet.
Auch in den Zellen der Apfelbäume
Schwelt eine heimliche Katastrophe.

Wie reibungslos alles abläuft.
Wie friedvoll das aussieht, wie zivilisiert.
Es gibt den Überfluß und die Bürokratie.
Es gibt den Beton und die Bananen,
Die stille Panik der Tiere auf dem Transport
Und das Stechen im Magen.

Sieht so der Tod aus, den man nicht sieht?

Im Supermarkt überraschend das Angebot:
Minotaurus-Fleisch, heute zum halben Preis!

Peng!

Dann platzte der Reifen. Vor uns der Laster
Geriet ins Schlingern. Er trieb wie auf hoher See
Über die Autobahn, auf der wir sechsspurig rasten.
Alles bremste, eine Lichtorgel schrie *Steh! Steh! Steh!*

Und da begann das Ballett: Tanz der Schwäne aus Blech,
Die Hälse umschlungen, ein Tuscheln, Touchieren.
Dann die Wendung, und auseinander spritzte die Schar,
Am Straßenrand neu formiert wie nach einem Gefecht.
Das war nun das Leben, soweit. Bis hierher führten
Leitplanken dich in die jüngste, absurde Gefahr.
Traumhafter Eindruck: die eigene zitternde Hand ...
Unfaßbar, daß wir uns einmal unter Baumriesen trafen.
Ein Hupen, weiter ging der Verkehr. Doch einer stand,
Den Kopf auf dem Lenkrad. Schlafen, nur schlafen.

Wer wir gewesen sein werden,
War sowenig vorhersehbar wie der Fall,
Der plötzlicher eintrat, als jeder dachte
(Und an nichts anderes dachten sie) –
Bis wir dann wurden, die wir nun sind.

Meine Damen und Herren! Der Film
Zeigt, wie sich alles auf etwas zu bewegt,
Das weit außerhalb liegt. Mancher agiert,
Als ob er die Leinwand zerreißen wollte,
Und bleibt doch gebunden im Augenblick.
Hier und da tut sich ein Fenster auf,
In dem die Sommerhimmel von morgen
In den Ruinen von gestern erscheinen.

Weiß ich, wie viele Sommer wir haben?
Ob wir sie wiedererkennen in ihrer Art,
Diese Szenen im Freien, in denen wir
Still umeinanderglitten wie Schleierfische
In diesem besonderen, goldenen Licht?

Ich weiß nur, der Tag hält hinter Glas
Verborgen, was als nächstes geschieht.
Die Dinge entfernen sich, rücken nah
Im Filmlicht: Und der Projektor bin ich.

Gespenstersonate

1

Gestern geschah es: Zeit ließ uns links liegen.
Eine Polarexpedition, und einer, noch nicht so alt,
Blieb im Schneetreiben stecken, die Brille vereist.
Aus einer krummen Straße der vertrauten Stadt
Traten uns stumm die Jahrhunderte entgegen.
Jede Menge tiefgefrorener Gefühle tauten auf.
Die Bogenlampen sahen wieder wie Galgen aus.

2

Alles Davor und Danach war nun aufgehoben.
Gestört war die Ordnung, der Film lief rückwärts.
Revolutionen zogen wie Wolkenmassen vorüber.
Wer sagt, daß es immer so weitergeht wie geplant?
Demagogen im Fernsehen, sie sprachen zum Volk
In einer schamlosen Sprache der Desinformation.
Das war sie, die Versteigerung ganzer Nationen.

3

Eine Trauerminute. In der Kalesche des Königs fuhr
Die gefangene Schildkröte an den Parisern vorbei.
Das war die große Fermate, das Unerhörte begann.
In Amsterdam seziert Dr. Tulp einen Orang-Utan.
Vergleichende Anatomie: Wie ein Ei dem andern,
Sagt er und verschwindet in der kältesten Gracht.
Bald segelt Cook, von Alaska her nach Hawaii,
Seinem Ende entgegen: sein Leib wird zerstückelt.

Ganze Korridore von Ereignissen öffneten sich,
Uneinholbar die meisten, in Lichtgeschwindigkeit.
Auf freiem Feld hielt ein Zug. Bis zum nächsten Dorf
War der Weg himmelweit, aber niemand stieg aus.
Bleibt die einsame Skispur im finnischen Schnee,
In der das Sternenlicht funkelt – Musik von Sibelius.
Wieder ein Vollmond, der Erde so nah wie nie.

5

Am Sonntag findet das Erdbeben statt. Mittags,
Wenn alle im Warmen sitzen zur besten Sendezeit.
Die Wände tanzen Tango, die Bilder wackeln
An ihren Haken, auf den Hügeln stirbt eine Stadt.
Letzte Vorbereitungen zum Schweigen. Du atmest.
Nachts im Wasser der Badewanne schrumpft
Die Welt (*res extensa*) zum gurgelnden Loch.

Millionen Metaphern

Immer der Druck auf die Schulterblätter,
Das Atmen des Beschatters, der warnt:
Bald vorbei – vertan die gemeinsame Zeit.

Wir gehen in Straßenschluchten – Gehenna
Der Welt, wie sie ist – heillos, den Blick
Gesenkt, während hoch über uns, Wahnsinn,

Die wilden Winde des Planeten wehen,
Die unser Wetter bestimmen, den Aufruhr

In jeder Körperzelle: das insgesamte Gefühl
Für die Jahreszeiten, den Wechsel, den Tod.

Die Erde kennt uns nicht. Wir sind ihr zu viele.
Jeder saugt an ihr wie an Demeters Zitzen,

Nur sich selber nah. Millionen Metaphern
Sprühen aus allen Gehirnen, hüllen uns ein.

Schrecklich ist das: Ins Leere zu lieben,
Wenn Sehnsucht sich in den Räumen verliert,

Technik, der kleine titanische Irrtum, ist
Nichts, was den Menschen vor sich bewahrt.

Für Martin Assig

Oder das Fenster – sagen wir einfach: der Maler
War von Farben trunken, bis er den Abgrund sah.
Dann dunkelte der Balkon. Es wurde ihm schwarz
Vor den Augen. Die Nacht der Motivlosigkeit
Brach über das Gitter herein in das Hotel,
In dem er malend zu Hause war, an der Riviera.

Sind denn die Nächte zugeteilt? – Der Gedanke
Kam plötzlich auf und ging vor den Palmen
Herunter als eine malvenfarbene Schranke.
Millionen Nächte schrumpften zum Augenblick,
Wenn er dem Fenster den Rücken kehrte,
Bestürzt über dies eine unfaßbare Lebensglück,
Das ihn am Tag wie eine goldene Robe beschwerte.

Eben noch hatte das Kind alle Möbel verrückt
Und sich eingehüllt in die samtene, blaue Portiere,
Um den Prinzen zu spielen. Nun war er eingesperrt
Hinter den funkelnden Brillengläsern. In einer Vase
Gesammelt, ruhte das Zimmer als Stilleben aus.
Ein Goldfischglas barg nun die Jahre als Ornament,
Während alles Teppich wurde, sogar die Tapete.

Wir leben in geheimnislosen Städten

Wir leben in geheimnislosen Städten,
In Straßen ohne Gnade und Grandezza,
Sang mir die Nachtigall im Park am Morgen.
An den Glasfassaden perlte das Leben ab.
Es war nicht schwer, hier einsam zu sein
Wie die Krabbenfischer in ihren Booten
Vor den Lofoten.

Die Stadt war nun ausgeschachtet. Durch Tunnel
Führte ein besinnungsloser Verkehr.
Es gab keine Eingeweide mehr, Labyrinthe
Im Zwielicht, mit Gassen ins Unbewußte,
Straßen, die in die eigene Blutbahn führten.

Dafür gab es den täglichen kleinen Terror.
Köpfe, angefüllt mit den Nachrichten von gestern,
Explodierten vor einem Straßencafé.

Eine Zugfahrt erst brachte den Abstand:
Vorm Fenster rauschten die Zwischenräume vorbei.
Felder und Wäldchen, zersiedelte Landschaft,
Parzellen von Grün mit Strommasten am Horizont.

Die weißen Verben sind alle unsichtbar.
Sie kreisen um Tätigkeiten, die man nicht lernt.
Sie heißen *verschwinden, verlöschen, verenden*
Und führen in menschenleeres Gebiet.
Unmerklich schleichen sie durch den Raum.

Sie heißen *zerfallen, verwehen.* Sie streichen
Mit Geisterhand aus, was je existierte.
Sie hüllen das Denken in Schneefall ein, Nebel,
Und fangen als Kreidestrich auf der Schultafel an.
Sie geben der Sprache den Zug ins Finale.

Schneien ist eins dieser Verben, *gefrieren.*
Altern ein anderes, *verzagen, entschlafen.*
Sie können die Knoten der Weisheit durchschlagen.
Es gibt sie als wandernde blinde Flecke.
Es gibt sie am Rand aller Psychen.

Die weißen Verben machen kaum von sich reden.
Sie arbeiten gründlich, auf sie ist Verlaß.
Es gibt sie, wie es die Liebe gibt.
Sie operieren verdeckt
Und rücken still im Schutz der Hauptwörter vor.
Sie zielen auf Horizonte, die nichts erreicht.

2

Vergilbte Zirkusplakate in einer Kleinstadt
Am Meer setzen die Luft in Flammen, besonders
Im Sommer, wenn ein Streichholz genügt.
Eichhörnchen springen wie dies burleske Rot.
Nirgendwo leuchten Plakate so verheißungsvoll.

Die Friedhofsmauer ist vollgeklebt und der Zaun
Am verwaisten Fußballfeld: Regen und Sonne
Haben die Farben ausgebleicht. Das Orange
Des Tigers, Grau des trompetenden Elefanten
Vor dem marktschreierisch purpurnen Hintergrund.

Eine Erscheinung im Staub, an der Straßenkante:
Hier hat Zeit, für ein süßes Weilchen, gebrannt
Wie das Gras, die Autoreifen am Parkplatzrand.
Schon blättern die alten Plakate ab. Die Kinder,
Die damals im Zirkus lachten, sind heute Beamte.

Die Zerreißung der Stille am Mittag

In memoriam Seamus Heaney

Wieder das Scharren in der Luft, Gitarren
Aus Stacheldraht, weit übers Land gespannt.
Zikadenfunk, Telephonie der Gliederfüßler,
Die sich die Beine wetzen, sandpapierne Zungen.

Was alles mitschwingt im Gezirp: Befehle
Marschierender Legionen, Peitschenhiebe
Über den Köpfen wilder Söldnerhaufen, Rasseln
Uralter Schlüssel, keiner paßt mehr, Haß-

Parolen und Zitate von Cäsaren.

Tief in die Landschaft sägt sich das und kündigt
Vergangene Zukunft an – Vandalenzüge
Und Plünderungen, Feuersbrünste, alles das,
Wovon nur dieses Scharren blieb,
Das in der Luft steht vor den offnen Toren Roms,
Ein Wirbel brennender Papiere –

Zerrissenes, Zerrissenes.

Anderntags lag die Bucht wie bezähmt.
Schmetterlinge, Korrespondenten vom Festland,
Tollten komplizenhaft über das frische Meer.
Sie freuten sich für uns alle, drehten
Für die Verstorbenen eine Extrarunde
Und waren spurlos verschwunden.

Sieh an, wir konnten uns also stumm
Wie die Taucher verständigen. Wir ahnten
Das Nahen der Fähren von anderen Inseln,
Motoren, die in der Tiefe brummten,
Die Summe der Sommer im voraus. Weh,

Wer ersetzt mir die lichtarmen Jahre,
In den Büroetagen vergeudet? Der Tag
Begann dann immer, wie er geendet hatte,
Mit grauen Bilanzen, aussichtslosen Vakanzen.

Der Fremde

Das Meer riecht fischig, weht der Wind landein.
Die Hände sehen unter Wasser aus wie Flossen.
Zwei tiefe Züge, und du bist der Zackenbarsch,
Der schon seit Jahren einzeln lebt am Grund.

Sie machen Feuerwerke am Strand, grölen laut
An der Karaoke-Bar. Fehlt nur noch, daß sie
Dem Meer für die Brandung, die Landung
Applaudieren wie Passagiere. Meine vulgäre Zeit –
Spricht mir tief aus dem Herzen.
                              Das Autoradio
Spielt auf Hörerwunsch nachts Mozarts Requiem.
Bei den Chören dreh ich die Lautsprecher auf.
Ich bin der Fremde, der die Landschaft vermißt.

Am Straßenrand auf Plastikstühlen junge Frauen,
Die ihre Haut verkaufen: Lächelnd warten sie
Auf den Schinder – der heute nicht kommt,
Auch morgen nicht, doch eines Tages bestimmt.
Besser, sie sparen jetzt schon auf den Unfallarzt.

In Rom sah ich einmal eine betrunkene Bettlerin
In einer Gasse eingeschlafen mit zerrissenem Rock.
Ich sah ihre alte, behaarte, ungewaschene Spalte.

Der Pinienhain

Schräg beugen sie sich unterm Wind
Mit ihren stämmigen Schultern, wie früher
Handwerksburschen, die über Land zogen,
Auf dem Rücken ihr grünes Nadelbündel,

Die Küsten entlang oder querfeldein.
Manchmal rasten sie auch, stehen dann da
Wie angewurzelt, als dunkler Pinienhain.
Keine, die nicht ihr Himmelsstück stemmt.

Bricht Licht durchs Geäst, vom Meer her
Ein Mittagslicht, das die Rinden entzündet,
Flammt ein Goldenes Zeitalter auf. Eine
Ordnung zeigt sich, in der Bäume marschieren
Schnurgerade in windschiefen Linien.

Italische Kiefer, Schirmherrin, Baldachin
Über Tausenden Kilometern Land: Wie Plinius
Überliefert, stand am Tag von Pompeji
Überm Vesuv eine Wolke in Form einer Pinie.

Italienischer See

Zwischen Hügeln schwimmt im Nebel der See,
Der auf tiefen Hohlräumen ruht – eine Grube,
Durch Einsturz entstanden, mit Inseln sogar,
Mächtigen Brocken bewaldeten Lavagesteins.

Vulkanischer Boden knirscht unterm Schuh
Beim Umrunden des Wassers, das selbst,
Ein graues Augenrund, himmelwärts starrt.
Die Autostraße verläuft auf dem Kraterrand.

Von da oben sieht alles aus wie besiegelt,
Besänftigt die alte feuerspeiende Landschaft.
Der Wind hat den See signiert. Silbrig glänzen
Die Schraffuren im Licht der bleiernen Fläche.

Die Giganten zerschmettert, die Halbgötter
In der Erde verscharrt. Zur Erinnerung blieb
Dieser See zurück, wie nach den Kinderspielen
Am Meeresstrand eine einzelne, bebende Qualle.

Pippo, Zippo und die anderen

Am Montag, von morgen an, hocken
Die Hüter des Viertels im Schatten
Des Oleanders vorm Haus gegenüber.
Ein Baby greint. Die Siesta ist weit,
Weit entfernt. Quälende Stunden –
Bis dahin kann vieles geschehen.

Die Hüter der Türen, der Tore haben
Agile Augen, lose Münder. Sie sind
Unrasiert, von Jugend an pensioniert.
Sie besprechen die neuen Steuern,
Den Einzug der deutschen Familie,
Die Brüste der Ärztin im fünften Stock.

Die Dotoressa gilt als Nudistin,
Sie gießt nackt ihre Blumen. Im Hof
Die Wäsche enthüllt das Liebesleben
Der verängstigten *petite bourgoisie*.
Dann kommt der Gasmann, plombiert
Einen Zähler. Die Post wird verteilt.

Pippo und Zippo heißen die beiden –
Das Komikerduo im Zirkus Bigotterie.
Sie lieben den Kleinkram, laben sich
An Mussolinis Marzipan, Raben,
Die vom Bordstein hüpfen und warten,
Daß was geschieht: ein Unfall vielleicht?

Ein kleiner Skandal kurz vor Mittag –
Ein Ehebruch, eine Ordnungswidrigkeit?
Sie scheuen nur eines, die Carabinieri.
Sie hüpfen und lästern. Einige Krümel
Fallen auch für den Wachmann ab
Von der Bank gegenüber, *Banca Toscana*.

Kontrolle ist alles in ihrem Reich
Blitzblanken Marmors. Im Treppenhaus
Geht ein Geruch wie auf Friedhöfen um.
Der Fahrstuhl hütet ein Kolumbarium:
Dieselbe neutrale Schließfachstille,
Dasselbe gedämpfte, wächserne Licht.

Da donnert ein Linienbus vorüber.
Ein Riß geht durch die Stille: Mussolini!
Brüllt die Verrückte vom Dachgeschoß.
Dem folgt Gewimmer vom Balkon
Drei Stockwerke tiefer. Die uralte Witwe
Im Rollstuhl gießt ihren Kaktus und weint.

Pippo fragt Zippo: Was zeigt die Uhr?
Bald sind die Ferien vorüber. Spielen
Die Zwillinge, 80 und 80, jetzt Enalotto?
Wie kommt die Tüte in unsere Pinie?
Was wollten die Carabinieri spätnachts?
Zippo sagt Pippo: Wenn ich das wüßte.

Sie sind die Capos – mit eigener Loge:
Blockwart der eine, der andre Portiere.
Pippo spricht Römisch, Zippo kann Deutsch.

Wir sind eine reiche Region. Vor der Haustür
Der Boden liefert den Sand für den besten Beton.
Die gotischen Bäche kühlen das Plutonium
In den Kraftwerken. Alles stellen wir selber her –
Flugzeugflügel, Solarienbänke, Pralinen,
Auch die kleinen Geräte, von denen keiner
Recht weiß, wofür man sie braucht.
                                    Wir sind
Ein gesegneter Landstrich – gern besucht.
Die Fremden bringen ihren Kindern
Unsere Buntstifte mit. Die Frauen jauchzen
Beim Anblick der Schuhe und luftigen Kleider,
Geeignet zum Partnerfang. Im Zentrum
Unserer Altstädte gibt es nur mehr Boutiquen,
Die Marken tragen Namen wie *Armageddon* oder
Paradise One. Die Zeitordnung ist aufgehoben –
Die Wahrheit auch. Von mindestens drei
Gesunden Kindern träumt jede Schöne hier
Und kriegt doch nur eins. Geheim sind
Die Formeln, nach denen wir Liebe machen –
Feuerwerkskörper, den besten Schaumwein
Für den Rest der Welt, Markenqualität.
Und gestern erst rief der Papst bei uns an.

Der eine von vielen Momenten

Dolorosa, Assunta, Concetta

Ein Krankenwagen rauscht um die Tische
Der Straßencafés, und alle Hunde
Des Viertels fangen zu winseln an.
In den Seniorenheimen tritt Stille ein,
Eine eisige Stille, von den Blumenhändlern,
Den Kellnern mit einem Grinsen quittiert.
Die falschen Bettler trollen sich, einer
Schwebt wie an Fäden gezogen davon.

Das war die Stadt, wie sie ist – an dem Tag,
Da sich alles bestätigt: Es gibt sie,
In den Kirchen die leuchtenden Fresken,
Madonnenbilder in kalten Grabkapellen.
Es gibt die Wolken mit goldenem Rand,
Den Aufwind, in dem die Schwalben segeln,
Die Kälte, die Knochen, den Kalk –
Aber niemals die Auferstehung.

Im Kreisverkehr kurven die Motorroller
Nach einer still vereinbarten Choreographie.
Die Schaufenster spiegeln dieselben Szenen
Wie gestern und morgen. Am Straßenrand
Stehen die üblichen Leute. Egal was geschieht,
Es ist alles, alles wieder an seinem Platz.
Nur ein paar Teenager kreischen, aber
Nicht deshalb. Nein, deshalb nicht.

Ausgeschnitten an diesem Mittag,
Taufrisch antik zieht die Stadt am Himmel
Durch einen Triumphbogen. Sie fühlt,
Wie jeder Augenblick sich hinter ihr schließt.

Das war es, was so schwer zu begreifen war:
Daß alles nur einmal geschah – und kühl
Vorbeistrich an dem, der nach Worten suchte,
Wo immer er ging, flüchtig nur zu Besuch.

Wie groß das Alltägliche war, wie ungeheuer
Trivial entlang der ausgetretenen Wege.
Sieh, das Geringste wird ruhlos erneuert.
Zerstörung, die auch in dir sich regt.

Ein rosa Wölkchen

Die Städte rauschen, und wir, mittendrin,
Rollen wie Muscheln am Grund der Straßen,
Die selber ein großer Gehörgang sind.
Tritonen, die in ihr Muschelhorn blasen,

Fontänen in Hochhausschluchten, Motoren,
Brüllend in Autotunneln, erinnern daran.
Dies alles fing grausam am Mittelmeer an.
Am Himmel steht wieder ein rosa Wölkchen.

Früher Morgen in Rom, und schon
Steht einem der Schweiß im Nacken.
Lästige kleine Fliegen umschwirren
Die Pendler zur Arbeit, die ersten
Gemüsehändler, die ihre Stände
Mit Wasser besprengen.
                              Die Sonne
Schmiert ihren Honig auf die Fassaden
Dunkler Palazzi. Um diese Zeit
Ist für den Anblick des Abfalls
Zwischen braunen Ruinen noch kein
Gähnendes Schulkind bereit.

Keiner weiß mehr, was hier und da
An kapitalen Verbrechen geschah.
Gewiß kommen neue, und anderntags
Sind die Zeitungen voll davon, fällt
Auf bestimmte Viertel ein grelles Licht.
Vielleicht gibt es uns nicht.
                              Vielleicht
Sind wir wie diese zarten Gestalten
Auf römischen Wandmalereien bereits
Silhouetten vergangener Tage
In einer unergründlichen Stadt.

Kleines Feuerwerk

Das kleine Feuerwerk nachts am Meer
Bei Ostia, als die Maschine von Norden her
Langsam einschwebend tiefer sank,
Schien uns, wie uns zuliebe gemacht,
Uns zur Begrüßung entfacht.
Einige hinter den Bullaugenfenstern
Rissen die Augen auf. *Da, da, da!*
Sahen die blauen, gelben, roten Granaten
Lautlos über dem Meer zerplatzen
Und fingen zu jubeln an.
Willkommen in Rom, in Europa.
Willkommen bei uns zu Haus.

Aber dann war es spät geworden. Müde
Körper wankten die Gangway hinab.
Turbinen fauchten, Kinder greinten,
Das Rollfeld glitzerte, ein grauer Salzsee.
Erstaunlich, wie lange das Herz höher schlägt,
Bis es zurückkommt auf den Boden, geerdet –
Wieder vergessen, unberührbar, schwer
Wie ein einzelner Koffer, der lange,
Lange auf dem Gepäckband kreist.

Eine Hand lag mitten auf der Straße.
Eine einzelne Hand – kein Zweifel möglich,
Auf dem welligen Asphalt der Fahrbahn
Zwischen zwei sizilianischen Dörfern.

Du träumst doch. Eine menschliche Hand?
»Kennst du noch andere Hände?« Auch Affen
Haben nur Pfoten, dunkle, behaarte Pfoten.

Wir kamen durch eine abgerissene Gegend
Mit alten Zementfabriken, Drahtgestrüpp,
Schwelendem Sperrmüll im Straßengraben,
Wo der Beton in der Sonne kochte.

Es ist doch so: In südlichen Ländern
Lassen die Fahrer im Sommer gern lässig
Den halben Arm aus dem Autofenster hängen.
Das kühlt so schön. Dabei kann es geschehen ...

Tote Tiere am Wegrand, protzige Limousinen –
Hinterm Steuer Typen mit verspiegelten Brillen,
Das alles gab es und noch viel mehr,
Was man nicht sah oder erst in der Zeitung.

»Du siehst nur, was du sehen willst, oder?«

Michelangelos Nase

Sie hat geblutet, als der Schurke sie zerschlug.
Nicht wie der Stein, der trocken blieb und böse
Glitzernd nie ein Inneres enthüllte: Kein Gesicht
Wie seins, im Schweiß entflammt, vom Staub entstellt.
Kneipen im Funzellicht: *Cretino!* Adams Selbstbetrug –
Er sah ihn überall, fand Worte für das Skandalöse,
Poröse der Haut, die vom Altar hing. Sein Gedicht
War eine zweite Haut, frisch vom Gestein gepellt.

Sonette schrieb er. Sie erwiderten den Prankenschlag
Mit einem Gruß. Sein Meißel tanzte auf der Oberfläche.
Roms Mücken schlug er, Dutzende auf einen Streich.
Boxer, den Kopf gesenkt, studierte er die Schwächen
Des Gegners, der vor jedem Meisterwerk erschrak.
Die rauhen Hände streiften gern das Fleisch, das weiche.

Die Armada der Blaulichtwanzen, die Traube
Der Paparazzi am Hintereingang, das Geraune
Im urbanen Ameisenhaufen: *Che cazzo!*
Das war die ganz große Razzia, ein Schlag
Gegen unsere Leute.
                    Was wird nun Don Rospo,
Was Tante Zecca sagen? Wer hat da gezirpt?
In Handschellen gingen, gebeugt, die Jacken
Über den Schädel gezogen, zehn unserer Besten –
Tapfere Capos in den Termitenbau, die Quästura.
Der König von Rom verhaftet (im blauen *Smart*)!
Da summen die Mücken, die Mistkäfer tanzen.
Aber einer kriegt bald Besuch von den Jungs.
Einem wird der Stachel gezogen – dem Judas
Nachts auf dem Schrottplatz der Panzer zerquetscht.

Die Ausgeschlossenen

Ich habe Gespenster gesehen im Park –
Afrikaner. Sie lagen verstreut auf dem Rasen
Unter unnahbaren Pinien, wie Breughels Bauern
Im Schlaraffenland. Sie schliefen dort draußen
Bei Wind und Wetter, hängten die nassen
Kutten und Hosen aus den Caritas-Containern
Zum Trocknen an Bauzäune, Büsche.
Sie machten früh Katzenwäsche, putzten
Die weißen Zähne in den dunklen Gesichtern
Am Brunnen mit dem eiskalten Wasser
Der Aquädukte, von römischen Sklaven erbaut.

Unsichtbar waren sie, für die meisten kaum mehr
Als Randfiguren. Schatten aus einer Unterwelt,
Nur von den Schnüfflern beachtet – Männern
Mit Schäferhunden –, schlichen sie
Den ganzen Tag wie im Morgengrauen umher.
Stolze Menschen im Grunde, doch nutzlos
In ihrer Verborgenheit, von zwei Augen punktiert,
Die glühten noch lange nach, wenn man sie traf,
Wie im Traum das Meer, das sie hertrug,
Das Meer zwischen ihnen und uns.

Für George Steiner

Hier krochen Remus, Romulus aus dem Schilf.
Heute fährt im Mercedes die Brutusbrut.
An jeder Ecke bettelt ein Afrikaner um Hilfe,
Man schmeichelt dir gratis. Tut das nicht gut?

Zumindest kommt alles hier offen ans Licht
In der ältesten Weltstadt moderner Art.
Rom ist die Bruchform, die nicht mehr zerbricht:
In ihr liegt die Gegenwart aufgebahrt.

Schön ist hier vieles, manches christlich brutal,
Neben dem Müllcontainer der weiße Marmorfuß.
Touristen und Flüchtlinge, es wächst ihre Zahl.
War ein Zeichen für Krise nicht – Überfluß?

Totes Altertum lockt die müde Jugend an.
Flugzeuge schweben herein übers nahe Meer.
Dein Smartphone erklärt dir: Wer, wo und wann.
Mit jedem Jahr wiegt die Ewigkeit schwerer.

Die falschen und die echten Gefühle

Wir kamen in eine abgewrackte Stadt.
Die Jugend fuhr hier im Kreis umher
In schrottreifen Bussen, zum Zeitvertreib,
Vorbei an den Quais, den Hafenkränen
Mit ihren Haken wie spanische
Fragezeichen. Vorbei an maroden
Fabriken und Werften, in denen die Angler,
Die den kleinen Fischen die Mäuler zerrissen,
Gearbeitet hatten, als es Arbeit noch gab.

Passato war das Wort, das den Ort
An der Heldenbucht traf wie der schlappe
Wellenschlag das Betongrau der Promenade.
Wir gingen vorbei und fanden nirgends
Ein Zentrum, wo Abend sich sammeln konnte –
Nur Fußgängerschwärme im trüben
Aquariumslicht abgewickelter Geschäfte.

Jeder hat seinen Stolz, dachte er, und sie
Dachte dasselbe. Denn das war der Kompaß,
Nach dem jedes Leben die Richtung behielt.
Alte Photographien an Bauzäunen zeigten,
Wie lebendig es einmal zuging an dieser Küste
Mit den störrischen Häusern am blauen Golf.

In den Vitrinen türmten sich Hochzeitstorten,
Und Maracuja war das Eis der Saison.

Die Pizzeria war der Mittelpunkt. Hier trafen
Die Paare auf andere Paare und tauschten
Blicke aus für die Zukunft. Es war
Das uralte Bäumchen-wechsle-dich-Spiel
Nostalgie. Doch das galt nur für sie,
Die hier Wurzeln schlugen im Heimathafen,
Nicht für uns, die Passanten des Meeres.

Allein dieses nächtliche Rollfeld
Mit seinen Tausenden
Glühwürmchenlichtern,
Dicht überm Rasen schwebend,
Ein Tunnel ins große globale Dunkel,
In dem auch die letzte
Maschine donnernd verschwand,

War schon genug an Mystik.
Für die eine Nacht mehr als genug.

3

I
Septembermorgen, und wieder
Reißt der Himmel sein Auge auf,
Das uns nicht sieht, aber überallhin
Folgt mit den Wettergefühlen, den vielen
Abstufungen und Turbulenzen,
Bis in die feinsten Blutgefäße,
In sämtliche Körperzellen.

Da geht er, der Protagonist.
Vielmehr, er eilt, er muß sich beeilen
Wie die meisten Akteure an diesem Morgen,
Im Licht einer Frühe, in der die Haut
Blaugrau schimmert, Schatten noch lang
Um die Schläfen spielen, die Augenhöhlen.

Dann sitzt er im Zug. Rom zieht vorüber.
Ein letzter Sommergruß sind die Flächen
Pastosen Gelbs auf den Ruinen
Von gestern, den Immobilien von morgen.
Stroh wird da zu Gold gesponnen,
Zu goldenem mittelmeerischen Licht.

Und an diesem Tag, der die Sonne
Aufgehen sah über Rom,
Offene, vom Denken verlassene Stadt,
Steinbruch der alten Imperien, Schauplatz

Von Staat und Kirche und musealer Kunst,
An diesem antiken Tag wurde ihm klar:
Er war ein Dichter der Übergänge.

Seine Gedichte sind alle Abenteuer,
    Resultate der kleinen und großen
        Wenden von Zeiten, die sich mischen

In einem Tag – von Tagen, die sich kreuzen
    Nach der Dramaturgie eines Traums.
        Jemand, der *ich* sagt wie jeder andere

(Aus Gewohnheit wie jeder andere) –
    Zog aus, sich selbst zu überraschen
        Mit Worten, unvorhersehbar, Zeilen,

Die ihre eigene Flugbahn haben.
    Jemand, der in den Straßen grußlos
        An sich vorübergeht – der dazu neigt,

Beim Sprechen die Augen zu schließen.
    Jemand, der eines Morgens aufbrach
        Aus den geschlossenen Gärten der Kindheit,

Einer Welt der Baracken, Mauern, Kasernen
    Von Rostock bis Wladiwostok,
        Um sein Heil im Freien zu suchen –

Falls es das Freie irgendwo gab,
    In der profanen Helligkeit des Gedichts.

Eine Helligkeit oder Heiligkeit,
Eine momentweise Herrlichkeit,
Aufgeboten gegen die Verkürzung der Träume,
Weil auch die Träume kürzer werden,
Wenn der geschäftliche Teil des Lebens beginnt.
Aus einem Nichts an Sprache
Baut sich der Mensch auf. Nicht viel
Braucht er, sich zu behaupten, nicht viel.
Der Mensch, so entsetzlich abgegrenzt

Als Körper, von Kindheit an beschämt
Von diesem Körper, geht er mit seinen
Gedanken, im Innersten unerkannt,
In den Grenzen seiner Geschichte.

Viel Raum nimmt er nicht ein,
Sieht man genau hin, zum Beispiel
Aus einem Zugfenster am frühen Morgen.
Auf eine Parkbank paßt er, die Beine
Angewinkelt, in einen Pappkarton
Zur Verpackung von Kühlschränken,
Zwischen zwei Müllcontainer –
Wie sich in Rom überall zeigt. Dabei ist
Sein verborgenes Inneres ausgedehnter
Als jedes alte und neue Imperium.
Wolken, formenreicher als jede Architektur,
Zogen über das Kolosseum hinweg
An diesem Morgen der Inventur.

Groß ist das Wolkentheater über Rom:
Nie zu fassende, pinienentrückte, in blaue
Tiefen gestaffelte Himmel ohne Respekt
Für die Herde der Kuppeln, die über der Erde
Voller Katakomben schwebenden Kirchenkuppeln
Im Gravitationsfeld des Vatikan,
Produzieren immer neue Wolken –
Mehr Wolken als Wunder, mehr
Cumuli und Stratocumuli und Cirrocumuli
Als alle Heiligen und Engel zusammen,
Wolken in jeder nur denkbaren Formation.
In festlichen Prozessionen, elegischen,
Segeln sie durch das hohe Blau.

Wolken, zu Gebirgen aufgetürmt
Beim Passieren der Alpen, des Apennin,
Ganze Kohorten, wie Schwämme
Vollgesaugt über den beiden Meeren,
Machen die eingebildete, klerikale Stadt
In biblischen Regengüssen zur alten Kloake.
Wieder andere, Schleierwolken,
Senken sich gnädig auf die gereinigte nieder,
Ihr Velum ausgebreitet wie das der Jungfrau –
Mehr Wunder als Wolken, mehr
Muster an Unbeflecktheit, Frische, Felicitas
Als all unsere sanguinischen Sagen.

Es sind die Gewohnheiten, die uns töten.

Der Himmel blank wie Porzellan –
Und weit draußen erst, über dem Meer,
Fing das Nachleben an. Kein Tag
War vergangen, kein Hahn hatte gekräht.
Schau nach unten ins Blaue, nach oben,
Und zwischen Aquamarin und Azur
Siehst du, was aus dir wird,
Wenn du nicht mehr bist.
Millionen Photos werden täglich geschossen,
Bilder überblenden dich jederzeit:
Spürst du sie nicht, deine Abwesenheit
An allen Punkten der Erde,
Wo du je warst und nie sein wirst?

Es ist die Luft, die das Licht streut,
Ein Filter aus Molekülen im Wirbelsturm.
Ohne die irdische Atmosphäre
Bliebe der Himmel schwarz wie das All.

Du hast Glück, sprach der Kalif im Traum.
Ich war Student in Oxford: Paradoxe
Gefallen mir. Solche wie dich
Machen wir sonst einen Kopf kürzer.
Dich schonen wir. Bleib, wo der Pfeffer wächst.
Worte zu setzen, verstehst du.

Aber ich glich mir nicht,
Und ich glich nicht den anderen,
Ich war meine eigene Sezession.
Wo alles in Pixeln schwelgte und Patterns,
Begann ich in klassischem Mezzotinto,
Ein Schläfer im Tal der Herbstzeitlosen.
Mehr als die Verse galt mir der leere Raum
Um das Gedicht, der schwebende Bildraum.
Ein Raum, größer als alle Television, älter
Als der Horror vacui des Kapitals,
Der jeden Flecken Erde vernetzt.

Am Ende des letzten Jahrhunderts
War Lyrik ein Unwort geworden, Bezeichnung
Für eine Nichtigkeit, ein Nebenprodukt,
Schlimmstenfalls ein soziales Minus,
Verstoß gegen Logik und Common sense,
Wie nur Kinder ihn sich erlauben dürfen.
Schlechter Journalismus hieß Lyrik,
Im Parlament diente sie als Beleidigung
Des politischen Gegners im Parteiengezänk,
Synonym für Visionen, Wunschträumerei
Oder das Ungeheuerliche der Utopien.
Wichtig war alles andere: Alles andere
War an Bedeutung größer als Lyrik –
Die Sprache des Marktes, der Public Relations,
Sprache der Fakten und der Funktionen,
In die das hundertstrahlige Wort sich verkroch:
Und die Stimme war unterm Beton verstummt.

Aber der frühe Morgen, Septembermorgen,
Zeigt dir, das alles war Vorgeschichte.
Den Grundriß der Stadt im Kopf, verläßt du
Die Stadt, wie du alle Städte verläßt
Eines Tages, glücklich in deiner Verlassenheit.

Ich habe nichts zu erzählen, Kalif,
Nur daß die Katastrophen sich wiederholen
Entlang einer gedachten Linie,
Die ein Bahngleis ist, ein Rollfeld mit Spuren
Tausender Landungen, Tausender Starts.
Hinter Trastevere, hinter den Gasometern
Franst die Stadt aus, erschöpft sich
An den Rändern in Vorort-Monotonie.
Hochstraßen leiten den Blick, Fabrikruinen,
Schrottplätze fangen ihn, Bahnschranken,
Gehöfte in allen Stadien des Verfalls.
Schilfrohr an der Böschung entlang der Strecke
Erinnert an die Hütte, den Gründungsakt:
Ein Dorf wird Rom und erobert die Welt.
Meterhoch Unkraut, Inseln von Plastikmüll,
Verwahrloste Vegetation.
                                    Schließ die Augen:
Und hier beginnt sie, die Regression.
Dagegen sah das Gelände um Fiumicino
Bis weit ans Ende der Hafenmole hinaus,
Sahen die Hangars, Lagerhallen und Terminals,
Der Himmel, der voller Flugzeuge hing, der alte
Futuristenhimmel wie frisch gestrichen aus.

Dann hoben wir ab. Wie in der Tragödie
Krampfte das Herz sich zusammen,
Als die Schubkraft uns in die Sitze preßte,
Die Maschine den Himmel erstürmte.
Den großen Bogen fliegend, ließen wir
Die alte Terra Latina zurück, zogen
Turbinengetrieben hinaus aufs Meer,
Wo die Schiffe im Sonnendunst standen,
In ihrer Kielspur erstarrt. Endlich
Brachen wir durch die Wolken. Das Sehen
Verging uns in einem Niemandsland.
Viele schlossen die Augen, vergaßen,

Im weißen Rauschen nordwärts entführt,
Die Farben der Erde, der wilden
Italischen Morgenröte, bereit
Zum Verzicht. Und auch ich
War von der Liste gestrichen, der Passagier,
Auch in mir versiegte dies Licht.

3

Rückkehr an einem anderen Morgen:
Rom zeigt jedem die Zähne. Zu viele
Autos, zuviel Gedränge in den Straßen,
Baugerüste, in Staub gehüllt, zu viele
Obdachlose in allen Ecken, in den Parks,
Auf den Kirchenstufen, in dreckigen Schlafsäcken,
Zu viele Pilgernonnen, die selig schwatzend
Vorübertrippeln. Zu viele Kirchenstufen:
Das Elend hat einen langen Bart.
Ein mürrischer Bettler zählt sein Kleingeld.

Alles verwandelt: Es gibt sie nicht mehr,
Die Katzen im Kolosseum, die tiefen Gruben,
In die einer fallen konnte und fand sich
Unter der Erde in Neros Goldenem Haus.
Auch in Rom galt: Mit einem Lidschlag
Konnte die Welt eine andere sein.
Kein Blick hält still, kein Jahr lang
Bleibt etwas unverändert an seinem Ort.
Immer wandern die alten Steine, geistern
Als Spolien durch andere Bauten, Brocken
In anderen Sätzen, zuletzt Zeichen
Einer Sprache, die niemand mehr spricht.
So erzählt es Roms Mauerwerk,
Von den Ruinen der ländlichen Peripherie
Bis in die Gassen am Campo di Fiori.
Ein Stück Wand genügt – irgendeins
Vorm Haus in der schmutzigen Gasse

Mit dem kaiserlichen Bogen am Ende
(Brüchiger Architrav, der ein Kirchlein stützt)
Zum Studium der Zuckungen.

                              Schau, wie sich Fleisch
In Wort verwandelt, sinnlos lallendes Wort,
Von urbaner Brandung verschluckt.
Im Stein zuckt noch, kratzt an der Netzhaut,
Das Geschrei der Eintagsfliegen,
Eh der Regen es abwäscht, ein historischer
Regen, der schließlich alles löscht:
Den Lutherspruch und das obszöne Gekritzel,
Die Schülerliebe, Flüche der Fußballfans
Wie auch das düstere »Rom oder Tod«.

Die Sonne heizt den Asphalt. Sie kocht
Die Suppe der Armen im Staub der Subura,
Dieser ältesten Vorstadt, wo ein neuer
Populus Szenen aufführt – des einzigen Films,
Der keine Proben kennt, nichts wiederholt
Oder alles. Hier zeigt sich Völkerwanderung,
Die jeweils jüngste, zuerst
Als gemeinsame Zukunft, die Zugluft –
Die nur die Weise erträgt, der Verwaiste.
Es sind die Straßen am Bahnhof,

Die dunklen Ecken und freudlosen Gassen
Entlang der Kirchenstufen und Pilgerwege,
Wo in den Kellern die Geldwechsler hocken,
Die Händler der kleinen, nutzlosen Waren.
Wo einmal Bürgerwitwen ihren süßen
Kaffee schlürften, sitzt unter Arkaden
Ein Chinese in Rom. Um ihn türmt
Plastikspielzeug sich auf, bunter Ramsch,
Billige Elektronik. Aus Asien kommen
Die Souvenire der Ewigen Stadt –
Sankt Peter als Flaschenöffner, die Wölfin
Mit den Zitzen aus Kunstharz, das Pantheon
En miniature. Containerweise
Überschwemmt das die Schaufenster.
Nachts quillt der Kleinkram auf, setzt sich
In Marsch durch die Träume. Begraben
Unter Bergen von Devotionalien
Wacht einer morgens auf zum Crescendo
Der Kirchenglocken und des Verkehrslärms
Einer der lautesten Städte auf Erden.
Auch die Irre ist wieder da und führt
Ihr Selbstgespräch unter den Planen,
Ein Bild der Verzweiflung – eine Sibylle,
Wild orakelnd, doch keiner hört zu.
Ein Hornissenschwarm braust heran. Es sind
Masken auf Motorrollern. Porca Madonna!
Macht so das Morgengrauen mobil?
Autobusse, Plakate, Möwen im Sturzflug –
Von allen Seiten stürmt Rom auf dich ein,
Und du, mittendrin, liest überall
Die alten Majuskeln SPQR in Metall
Oder Marmor, je nach dem Alter der Schrift.

Der sichtbaren Welt verhaftet,
Wie weit kann Sprache dich tragen
In das Reich der Bilder hinter den Bildern,

In eine Sphäre jenseits der Piktogramme
Von Werbung und Wunsch und Wahn?

Wie lebt es sich, Träumer, in einer Welt
So vieler überflüssiger Dinge?
Wer weiß, ob nicht überflüssige Dinge
Den Menschen selbst überflüssig machen?
Wieder steckst du fest im Verkehr, irrst
Im Zickzack über die Zebrastreifen
Durchs Dickicht der Autos. Am Tiber, schau,
Sind die Bäume vom letzten Hochwasser
Mit Plastiktüten und Windeln geschmückt,
Mit den weißen Fahnen der Zeitungen
Voller *Yesterday's News.*
Stadtauswärts zieht es dich, unter Brücken
Hindurch zwischen hohen Ufermauern,
Darüber türmen sich Amtspaläste,
Ministerien für Kleinigkeiten, gewaltige Bauten –
In Perspektiven, wie von Piranesi erdacht.
Ein einsamer Kormoran hält die Stellung

An dem geschändeten, schlammigen Fluß.
Fußgänger laufen, den Kopf vorgebeugt,
Gegen den Wind. Es ist die Stunde,
Wenn die Ruinen zu Brühwürfeln schrumpfen,
In den Parks die Paare verstummen,
Der Satyr im leeren Kirchenschiff tanzt.
Und schon ist es Abend, Dämmerung
Streicht hinter Schlachthof und Gasometer
Wie ein Schwarm Krähen über den Horizont.
Ausdruck ist er, der Himmel, zu jeder Stunde
Ein anderer: morgens milchweiß, adernblau,
Rosen- und safranfarben am Abend,
Zuletzt tintenschwarz, das Innere
Einer Kuppel, die alle Kuppeln umfaßt,
Illuminiert von tief unten, vom gelben
Lichterdunst um die sieben Hügel.
Es ist das römische Licht, das uns hält.

Ein Licht aus bankrotten Sommern,
Aus den Nostalgien vieler Jahrhunderte –
Aus Spalten, die sich im Erdreich öffnen,
Aus Brunnen der Römerzeit, Tunneln
Der Renaissance, ein Licht klar wie Wasser,
Durch Kirchenfenster gefiltert, Piniengeäst,
Ein Licht, in dem die Besucher baden,
Mythologisch geadelt, einmal im Leben
Halbgötter, photogen wie sonst nie.

4
Und so ist dieser Morgen ein Anfang.
Er besagt: Der heutige Tag
Wird ein Tag sein wie keiner zuvor,
Ein Novum nicht nur für Novizen
In einer Stadt, verwüstet von Wiederkehr.

Willkommen in Rom, Barbar. Willkommen
Im Heer der Pilger aus tausend Gründen,
Im Backofen der Obdachlosen,
In der ältesten offenen Psychiatrie,
Am Bahnhof Termini gluckst ein Xylophon:
Das wandernde Afrika ist schon da.
Alles ist in Bewegung hier, jede Mauerritze
Pulsiert in obszöner Unbekümmertheit.
Hinter den Gleisen die Markthalle zeigt
Einen Ausschnitt der Menschheit.
Um die Schweinehälften, die Berge
Von Artischocken, die Fischschwärme
In ihren Betten aus Eis geht ein Kreisen
Zähen Lebens, das sich selber genügt.
Es spielt mit dem Kleingeld, verausgabt sich,
Hinterläßt seine Spur überall, Schneckenspur
Aus Exkrementen, Müll und Graffiti.
Es regiert den Rinnstein, ruiniert die Ruinen,
Trägt seine Siebensachen in Plastiktüten.
Ihm gehören die Straßen: Eingehüllt
In sein flinkes Parlando wie in Seifenblasen,
Stolziert es in Sippen und Banden umher
Oder endet am Wegrand mit leerer Hand.

Und zwischen alldem geht unerkannt
Signora Ricordi spazieren, die Sammlerin
Der verlornen Momente, eine Dame von Welt.
Man sieht sie durch Blüten, am Blumenstand,
In den kleinen Kapellen im Seitenschiff,
Beim Entzünden der Kerzen. Sie steht
An der Bar, schaut durchs Fenster, ihr Profil
Von den Spiegeln zerlegt, wie Picassos Frauen.
Sie merkt sich Gesichter und Gesten, zögert
Vor den Szenen des Unrechts. Sie friert
Die Sekunden am Unfallort ein, im Tumult.

Signora Ricordi, hören Sie! Eine Bitte:
Nicht müde werden. Gehen Sie nicht fort!
Behalten Sie alles im Auge. – Pronto?
»*Pronto?*« schreit das junge Ding neben ihr
In sein Handy, am Bahnsteig Stazione Colosseo.
Es scheint, wir sind falsch verbunden
Unter den Schülergruppen und Honeymoon–
Paaren die Rolltreppe hinauf und hinunter.
Da war noch ihr grüner Mantel, der Blick zurück
Aus dunklen Eulenaugen. Da war der Duft
Ihres Parfüms – eine *Kraft der Vergangenheit.*
Im Gedränge verlor sie sich, in der Menge.

Mirakel des Mittags: Dann brach die Sonne
Als Regen von Millionen Glassplittern herein,
Eine der vielen Invasionen. Goldene Schauer
Überschwemmten die offene Stadt, in der alles
Nun Vorstadt war, *borgata*, sogar das Zentrum.
Und da geschah sie, inmitten der Sightseeing-
Busse und Vespas, der schwarzen Limousinen
Mit den getönten Scheiben, der Priester und Bettler:
Die Zerreißung des Tages, der wie keiner war
Und doch wie so viele zuvor, seit Rom stand.
Seit Rom auf der Stelle trat und die *Ewigkeit altert.*

Und altert in den Spiegeln der Brunnen,
Wie Ansichten altern, Menschen. Was hallt da
Aus den Worten, die einmal historisch sind,
Abgenutzt bis zur Unkenntlichkeit,
Einmal frisch wie der regennasse Asphalt?
Hic salta.
          Gibt es im Sprung einen Halt?
Niemand besitzt diese Stadt, keinem gehört sie,
Auch nicht den Römern. *Die wohnen hier nur,*
Sagt ein römischer Freund, der hier wohnt.

5

Licht in den Pinien: Wir sind
Nichts ohne dies Licht, das gleißt
An Gerüsten, uns trägt und erschüttert
Mit Geistesblitzen und Blutergüssen,
Im Schäumen der Blütenbälle, Licht,
Das durch feinste Ritzen bricht –
Diese älteste Religion.

Und schon ist es März.
Auf der Piazza Venezia schleudert
Der Kreisverkehr die Lebenden umher
Wie die Toten. Plötzlich ein Aufschrei!
Einer wird vom Bus überrollt, stirbt
In der Blüte des Lebens, wie es heißt,
Noch am Unfallort. Eine Jugend
Erlischt vorm Altar des Vaterlands,
Diesem schaurigen Überbau,
Der im Showlicht erstrahlt nachts,
Diesem Gletscher aus Marmor
Der die Antike ringsum, die magere,
Kalt in den Schatten stellt.

Und nun zeigt sie sich
Überall: Die Spur des Abwesenden

In der Schlacht um Präsenz. Ich bin,
Sagt das Lächeln der jungen Diebin,
Die im Passantenstrom fischt. Ich bin,
Sagt die Schülerin mit dem Smartphone,
Der millionste Besucher der Woche,
Wenn sie am Forum ihr Selfie schießen.
Ich unterm Titusbogen, ich beim Tempel
Des Divus Caesar, ich vor dem Capitol.
Ich bin in Europa gewesen, sagt sich
Der blasse Australier, der indische Arzt
Und löst sich in Luft auf, römische Luft.

Der Himmel trübt sich, und Schatten
Wandern über die brüchigen Säulen,
Die Säulentrommeln, verstreut im Gras.
Über die Monumente, das Stückwerk
Im Griff der Eisenklammern, die leeren
Augen der annullierten Götter kriechen
Fleckenmuster von Fellen, Gefieder.
Ein leichter Wind kommt auf. Lose Blätter
Wirbeln über die Straßen im Sog der Busse,
Die fauchend über das Pflaster rumpeln.
Die kleinste Kleinigkeit, die ein Augenblick
Aufspießt wie der Straßenfeger Papier,
Ist im nächsten schon fort und kehrt
Erst wieder mit etwas Glück
In einem der Traummomente, lange
Vorweggenommen in den Kinos,
Die ihre Pforten vor Jahren schlossen –
Irgendein *Roxy*, *Cinema Desiderio*,
Das *Teatro del Passato*.

Hinter den Kleckerburgen am Palatin
Bricht das Dunkel herein, vom Land her,
Durch die Reste der Stadtmauern.
Am Circus Maximus, auf der einzigen
Lichtung aus Sand und Gras sammelt
In Pfützen sich kalter Mondschein.

Verschachtelt sind sie, in Träumen
Aufgehoben, die Zeitformen der Stadt.
Manchmal brechen die Schichten auf,
Dann stürzen die Perspektiven. Im Schlaf
Öffnen sich Korridore voll altem Licht.
In den Laboren des Schlafes geschah
Die Photosynthese der Worte und Bilder,
In einem limbischen Cinemascope.

Verzaubert sind sie, die großen Städte,
Die einer nicht mehr verlassen kann,
Weil er sie in sich trägt, im Prisma
Der tränenden Augen tags aufgelöst.

Das Alte, das Neue, chaotisch gemischt,
Geht es in ihn ein, verwandelt ihn.

Licht hält uns zusammen, und jedes
Ich ist zwischen den Zeiten, den Zeilen
Ein Übergang lebenslang,
Ein Gedankenstrich.
Ein Lidschlag, und auf der Stelle
Fing ein weiterer Turnus an, eines
Der vielen inneren Zeitalter begann.
Neue Tage, zerrissen von Krisen,
Konsumrausch und Korruption stiegen,
Aus einer Handvoll Ruinenstaub,
Aus dem Hitzeflimmern der Straßen.

Wieder ein Mittag: Rom brannte,
Lichterloh brannten die Romkulissen
In der Sonne, wie aus Millionen Photos
Ein Scheiterhaufen. Hey, wir verbrennen,
Selber Fossile in der täglich erneuerten,
Totalen Gegenwart. Wir,
Die da atmen, schauen, seelenruhig laufen.

4

(Ein Verbarium)

I

Primäre Pinne,
Parasolpilz der Lüfte,
Riesenschirmling
Vor Himmelstiefen.

Primadonna
Von Pisa bis Paestum,
Phallische Pirouette.

Pinakothek der Antike:
Plinius redivivus.
Arboretischer Pfau.

Riesiges Phönix-Ei,
Zentral in San Pietro.

Konifere Peripherie,
Konzentrischen Holzes
Primzahl und π.

II
Pinus –
Ihr römischer Name.

Kolumne des Südens:
Mit ihrem Anblick
Fängt der Süden an.

Eine tiefe Verlassenheit,
Räume, von Göttern befreit,
Strahlen die Arme,
Die hohen Äste aus.

Viel Sonne braucht sie,
Die langen Sonnentage
Südlicher Breiten.

An Staub gewöhnt,
Trockenheit –
Sie gedeiht
In der Dürre, Hüterin
Einer nie vergangenen
Vergangenheit.

Ich bin es leid,
Zu streben, zu sterben,
Beschnitten zu werden.

Überlebende
Vieler Brände und Kriege.
Rindenrelikt,
Feuern entwachsen,
Rauchdunkler Schirm
Über den Landschaften.

Piniennacht, Pinienpracht:
Über die Stadt verteilt,
Auf den sieben Hügeln,
Beletagen des Grüns,
Bilden sie Inseln
Verdichteter Zeit.

Jede einzelne Pinie
Kann eine Insel sein.

Es gibt Piniengruppen,
Alleen aus Pinien,
Ganze Pinienhaine.
Jede Pinie ist einzeln
Ihre eigene Klasse.

Einzelgänger –
Sind sie alle gezählt?
Roms Pinien, von oben
Gesehen, im Drohnenflug,
Ergeben ein Wärmebild.

Hunderte Nadelkissen,
Von Geheimnissen knisternd.

Wir wissen, wir wissen,
Hört man sie flüstern
In ihrer nächtlichen Pracht.

Entweder rundet ein Leben sich,
Oder es bricht plötzlich ab, sinkt
Unbemerkt in die Nacht.

IV

Ameisen torkeln am Wegrand,
Arbeiterheere, sie tragen schwer
An einzelnen Piniennadeln.
Kein Privatleben in ihrer Welt.

Millionen Piniennadeln, geschichtet
Zum prasselnden Scheiterhaufen:
Das ist ihr Staat, ein einziges
Scheitern des Einzelnen.
Ameisen brauchen Wärme.
Ein Leben lang bauen sie, Samurai
In der Rüstung aus kaltem Chitin,
An ihrem Piniennadelpalast,
Ihrem Sonnenlichtspeicher.

Sie fallen vom Himmel, fallen:
Piniennadeln, Pinzetten
Aus einem hohen Geheimlabor –
Nach jeder Regen-Sintflut
Sammeln sie sich im Rinnstein.

Pin down your opinion
Auf einen Fetzen Papier.
Notiere den PIN-Code
Im kleinsten Notizbuch
Oder im Lexikon unter
Poesie, Panik, Peripetie.

Schreib Non Plus Ultra,
Petit Microscopique.
Sei Pionier: Konspiriere
Nicht einmal mit dir.
Ritz in den Pinienkern
Die Initialen der Liebe.

Sei Pirat: Piß dein Credo
In die See, in den Wind.
Pipapo heißt die Lösung
Für ein pinkes Problem.
Nimm die Pille für Pause,
Schreib in keiner Manier.

Press One für Psyche.
Press Two für Pizza.
Press Three für Prärie.

VI

Die eine Pinie, Postkartenpinie,
Die dem Golf von Neapel,
Der Aussicht zum Vesuv
Ihren grünen Rahmen gab,
Liegt nun gefällt.

Die Paradepinie, populäre Pinie
Auf dem Posillipo – nach
Einem Vierteljahrtausend
War sie verdorrt.

Eine karge Meldung nur in der
Tageszeitung *Il Mattino*,
Rubrik *Cronaca* vermerkte
Den Todesfall.

Pigna marittima, höre: Wir alle
Kreuzten den Schatten, Zufalls-
Zeugen deiner Erhebung.
Wer hat uns gesehn?

Die Pinie, immerhin,
Pier Paolo, die Pinie
Bewahrt noch Haltung.
Sie steht am Hang,
Sie hält die Stellung.

P steht für vieles –
Popcorn und Politik,
Partei und Privatbesitz,
Patriotismus und Perfidie.

Die Pinie steht aufrecht,
Solange sie allem trotzt.
Wie der Irrläufer,
Der eine Pinguin,
Der im Eis der Antarktis
Landeinwärts geht.

Vermesse das P,
Du, den kaum einer
Vermißt, Naturalist,
(Pinien-Faschist).
Präzisiere das P.

Persistenz ist
Die Praxis der Pinie,
Ihr stilles Politikum
Reine Präsenz.

Principessa ist sie
Aus uraltem Stamm,
Landvermesserin.
Ihre Prinzipien sind:

Bleib allein inmitten
Der Parallelen,
Beug dich dem Wind.
Paktiere nie,
Protestiere nie.
Pazifismus pur.

So hält sie stand
Bis zur letzten Partie.

»Ein Apfel fällt *dumpf* zu Boden –
wie aber fällt ein Pinienzapfen?«
Undine Gruenter

Nicht donnernd wie Taubenfedern,
Nicht klimpernd wie kleines Geld.
Nicht mit dem bitteren Singsang,
Mit dem Porzellan zerschellt.

Er fällt, ein wispernder Kreisel,
Fällt, wie der Nachtschatten fällt –
Kratzend mit Marderkrallen,
Knisternd wie Draht, der verglüht.

Fällt durch den doppelten Boden
Von Erdreich, thermischem Staub.
Nicht leise wie Holzkohlebrocken,
Nicht krachend wie Lorbeerlaub.

5

»Wimpernjenseits liegt ein Land –«
Ossip Mandelstam

Vorm Schaufenster der Kosmetikerin
Steht eine Tafel neben dem Buddha,
Darauf in schwungvoller Schrift
Ihr jüngstes Angebot: Wimpernwelle,
Behandlung rund um das Auge.

Traf ein Blick mich, war es deiner,
Traf mich einer je so sehr?
Über Jahre, Länder, Grenzen –
Wimpernwelle von weit her.

War ein Blinzeln, Hitzeflimmern,
Wind, der durch ein Mohnfeld streicht.
Hat mich, zu fraktalen Malen,
Stich ins Herz – Signal – erreicht.
Schmetterling – sein Flügelschlag
Trifft mich mitten ins Gesicht.
Wimpernwelle, Wimpernschnelle
Macht die Augenblicke dicht.

Der Fluch der Märchenfee

Ein kühler Morgen, Herbst, Oktoberwind: im Park
Die Läufer drehen ihre Runden. Von der letzten Nacht
Noch feucht die Wiesen. Männer zeigen, bärenstark,
Was sie bewegen könnten, Technikfreaks, Athleten –
Von Freizeit müde. War das Leben schon vollbracht?
Die Bäume schwirren, wer erinnert sich der Feten,
Die hier im Sommer stiegen: Grillfest, Kinder lernten
Das Fahrradfahren nebenbei. In diesem Menschenzoo
War Zeit die böse Märchenfee, die sich entfernte.

Die Reihe Frauen auf dem oberen Betonplateau
Des Denkmals für den toten Partisanen sah ich erst
In der Umdrehung, irritiert. Kommandos liefen
Stumm von der Trainerin durch die gespannten Körper.
Sie standen aufrecht, jede vor sich einen Kinderwagen,
Und traten vor, zurück, zur Seite als Aerobic-Dancer.
Im Weiterlaufen erst begriff ich, Mütter nahmen da
In strenger Übung kollektiv den Kampf auf gegen
Die Folgen ihrer Schwangerschaft im Namen der Figur.

Der Himmel war aschgrau, von Wolken schwer. Mir ging
Das Ächzen dieser Frauen nach. Die armen Boxerinnen,
Wie jede mit den Brüsten klaglos in den Seilen hing.
Sie mühten sich im Schatten aufgegebener Geschichte.
Da war der Druck: wie schnell die Körper jetzt gerinnen
Zu ihrer letzten Form. Heroisch aufgerichtet,
Gehorchten sie den Regeln. Keine tanzte aus der Reihe,
Den Blick geradeaus gerichtet auf das winzige Oval
Im Schlafsack. Stille, nur vereinzelt – Babyschreie.

Der Tag lief auf dem Grat, ein Dienstag, denkbar schmal:
Zuwenig Zeit für Reue und Besinnung, familiäres Planen.
Das Denkmal gab den Hintergrund, der Held in Grau
Der starr das Schwert schwang. Oder war es eine Fackel?
Was weiß denn ich, ein Zaungast der Geschichte,
Der, was er sieht, meist rasch vergißt, nur Schreie speichert.
Dies aber fiel mir auf: wie Frauen kämpften um die Würde
Des Augenblicks, wie sie der Schwerkraft trotzten –
Die Zentner Sehnsucht, Körperkrampf, verbissene Diät.

Drei Runden später lagen sie im Kreis, wie hingemäht,
Das Becken hebend, senkend still zu Füßen der Skulptur.
Es war ein Auf-der-Stelle-Treten – ohne Sportgerät
Wie in den Fitneß-Studios. Kein Laufband gab den Takt.
Sie demonstrierten gegen eine unsichtbare Uhr
In ihren jungen Hüften. Jede war auf ihre Weise nackt
Beim *stretching* am Altar der Schwangerengymnastik.
Die Autos hupten, ein paar Schuljungs pfiffen frech.
Sie machten Scherze, zeigten feixend auf die Plastik.

Wie alles das zusammenhing, verkettet war, verkrampft,
Undankbar von Geburt an. Jedes Liebesopfer
Ging auf in Platitüden der Geschlechter, Alltagsmühe.
Jemand rief seinen Hund. Ich sah es, schämte mich
Kurz im Vorübergehn. Was gingen mich die Mütter an?
Altweibersommer: Spinnwebfäden klebten mir
Im grauen Haar, als ich das Stalingrad der Mütter sah.
Leicht war das Leben, und die feminine Quälerei
Ein Fest im Stadtpark, wo die reife Jugend im Gebüsch
Über die Träume ihrer Alten lästerte und Kinder
Das Blut am Knie vergaßen wie den Fluch der bösen Fee.

Dann gingen sie fremd

Überall wird jetzt wieder geknallt.
Aus jedem Hinterhof schallt es
Nachts, wie die Katzen schreien
In Liebesgier, wenn beißtoll
Einer sich in den anderen krallt.

Mitte Juli. Die Sommermaschine
Ist angestellt. Bald dreht sie durch.
Vollmondnacht. In Küche und Bett,
Auf nackter Erde wird es vollbracht.
Don Giovanni greift sich Zerlina.
Batti, batti, o bel Masetto ...
Hört man bis tief in die Nacht.

Koloraturen des Koitus, Arien,
In denen die Stadt schwül versinkt.
An die Bars locken Tropenfarben,
In den Park afrikanische Trommeln.
Die Lage ist mehr als verfahren.

Körper im Clinch, blaue Flecken –
Und keiner weiß mehr, von wem.
Jedem wird nun das Fell gegerbt.
Im Sumpf der Paarungen bleibt
Verletzt ein Herz auf der Strecke.

In der Eisvogel-Suite lagen sie früh
Beieinander, am tiefsten Punkt ihrer Liebe.

Das Land, weit über dem Meeresspiegel,
War in Nebel gehüllt, und von Tau besprüht
Waren die Scheiben der kleinen Suite.

Kalt war ihr Bett. Man sah ihm nicht an
Wie viele Paare darin geschlafen hatten –
Paare wie sie, in allen Stadien der Liebe.

Sie hatten schon bessere Tage gesehen
In kälteren Kammern. Doch nun erst lag,
Als der Morgen aufging, ihre Liebe auf Eis.

Die ferne Frau aus der Nähe

Jägerin von den kühlen Seen,
War es in Finnland, als ich sie erstmals sah,
Lang bevor mich ihr Blick traf – ins Schwarze?
Birkenrinde war ihre Haut, vom Sommer
An den gesprenkelten Schenkeln durchglüht.
Juli, die Brutzeit der Mückenschwärme
Über den tausend Seen, war ihr Geburtsmonat.
Sie liebte die Stiche, kratzte sie auf,
Saugte das Blut aus, eh es zu Bernstein gerann.
Schmerzen taten ihr gut, und sie leckte
Gern die Wunden ihrer erlegten Tiere
Wie die der Männer, die ihr zu Willen waren.

Die Lady in den roten Nylons,
Im Abendkleid schlüpft aus den Schuhen,
Denn ihre Heimat ist die Bar.
Sie sitzt am Tresen, ganz Flamingo,
Betrachtet ihren Spann und meditiert.
Der rote Schuh, weit unter ihr
Liegt auf der Seite wie erschossen.

So hält sie Ausschau nach dem Mann,
Den sie erschießen kann wie Al Capone
All seine Gegner und die Polizei.
Um drei ist alles hier vorbei.
Bis dahin muß sie zielen, Opfer spielen,
Von Diamanten träumend, Pelzen
Um ihren Hals. Chinchillas in Chicago.

Sie ist halbnackt, bevor sie heimgeht
In ihr Apartment draußen vor der Stadt.
Michigan: Kalt weht es vom See herein,
Das harte Leben außerhalb des Zoos.
Ein Schneesturm hält die Wolkenkratzer
Eisern im Griff. Die späte Fähre
Erreicht die Bucht. Erst tief im Schlaf
Hat sie gefunden, was sie niemals suchte.

Enttäuschungen einer jungen Masseurin

Schließlich im Morgenlicht, wenn die Nacht
Durchtanzt ist, weiß ich nicht mehr, wer ich bin.
Ich muß die Plakate fragen und meine Freunde
Am Telefon. Sie erinnern mich an die Rolle,
Die ich gespielt habe seit meinem letzten
Erfolg an den Kinokassen. Hört ihr mir zu?
Meine Mutter war Königin im Reich der Migräne,
Daddy, der Mann mit dem goldenen Zeh ...

Ich war sein Mädchen auf unserem Reiterhof.
Meine langen Wimpern waren, wenn Gäste kamen,
Die Sensation. Und erst die vierzig Arten,
Das Haar aufzuföhnen, sich im Bad zu verwöhnen –
Eh das Reich auseinanderfiel, an allen Möbeln
Der Kuckuck klebte. *Mon dieu*, das Wehgeschrei
Meiner buckligen Sippe, die plötzliche Kälte
Der Leute verfolgt mich oft bis nach Schichtschluß.

Immer wieder kommt Madame Azure
Allein in den Süden zurück. Ungerührt
Zieht sie ihre Bewunderer an.

Als ob die Ärmste nie schlafen könnte,
Geht sie als letzte zu Bett, wandert
In der Mittagshitze die Strände entlang,
In sich gekehrt, in leichten Kleidern
Barfuß, in der Hand die Sandalen.

Sie schminkt sich, sie schminkt sich ab,
Fährt im Sportwagen aus, gibt Empfänge
Zum Sommerende, und Diplomaten
Versammeln sich regelmäßig an ihrem Grab.

Monate später treffen Postkarten ein
Von der anderen Seite des Meeres
Mit brasilianischen Marken, tiefblaue,
Grüne Ansichten, die ihre Handschrift tragen.

Tattoo

Soviel ist klar:
Ihr Körper gehört ihr.
Sie würde sich gern tätowieren lassen.
Nur fällt die Entscheidung schwer:
Schmetterling oder Kalaschnikow?
Das ist ihr Geschenk an sich selbst.

Sie hat immer nur Typen gekannt,
Die ihr gleich an die Wäsche wollten.
Jetzt geht es um ihre Haut. Hier,
Zwischen Ferse und Schlüsselbein,
Setzt sie die Zeichen. Sie trägt sich ein
Ins Goldene Buch ihres Körpers
Wie auf Besuch in der Heimat
Ein echter Hollywood-Star.

Vorm Schlafen wirft sie ihre Augen fort,
Läßt sie im Bad zurück, am Fliesengrund.
Pflückt sie aus müden Lidern und zerdrückt sie.

Die Augen knistern, wenn man sie zertritt
Wie Zuckerkrümel, abgeschnittene Fingernägel,
Die Panzer der Marienkäfer aus dem letzten Jahr.
Sie wirft sie fort, bevor sie in die Träume geht.

Hellblau sind diese Augen, schwimmbadblau.
Tags schwimmen sie auf einem Tränenfilm
Von temperierter Feuchtigkeit, fern jeder Trauer.

Sie trocknen aus, wenn sie viel weint. Sie weint
An schlechten Tagen viel. Dann ist es gut,
Wenn schon die Welt zerfließt, daß mindestens

Die Wimperntusche nicht verläuft. Nur darum
Ist ihr Mascara wasserfest, der schwarze.

Ma Jolie

Dann kam die Vernunft. Wahrhaftig, sie trug
Flammendes rotes Haar. So nahm der *Poète*
Assassiné durch sein Scherenfernrohr sie wahr.
Nicht die Furie von Flandern war sie oder die Braut
Des Soldaten, der stumpf seinen Pfriem kaut.
Sie war die Neue, die Ruhelose, sich selber treue
Erscheinung der Frische – die Frau für danach.

Im weißen Sportdreß kam sie, in schlanken Händen
Wirbelnd den Tennisschläger. Sachlich und sexy
Schlug sie die Dämonen der Regression, brach
Mit den Regeln, ging ihrer Wege.
                                    Heute fährt sie
Im Kreisverkehr, ihr Benzinverbrauch ist enorm.
Kannte sie Güte? Wir wissen es nicht, aber feiern sie
Wie der Maestro, trepaniert unter Chloroform.

6
Zündkerzen

Aufgepaßt! Wir verschärfen jetzt das Gedicht.
Alles was Sie schreiben, kann gegen Sie verwendet werden,
Alles was Sie nicht schreiben, auch. Es gehört nicht hierher,
Gerade darum muß es hinein. Oder gibt es etwas,

Das mit Rücksicht auf das Gedicht besser ungesagt bleibt?
Warum ist Lügen politisch? (Keine Politik ohne Lügen.)
Wie kam die Lüge in die Welt – durch die Hintertür?

Was unterscheidet Poesie von Public Relations?
War die Gesellschaft nicht offen? So offen, daß viele
Von nun an draußen blieben, hinter der gläsernen Wand.

Es gibt so viele Formen der Freiheit, schloß der Philosoph,
Daß sie einander blockieren. Daraus wird kein Lied.
Schon gingen sie weiter, die dreckigen Todesgeschäfte.
Vergiß es, sie wurden nie ausgesetzt, kleiner Prinz.

Conférencier

Wie jeder für sich schwimmt in seinem Goldfischglas
An den andern vorbei, auf offener Straße. Küsse
Waren der reine Surrealismus. In Paris
Gab es den dreifachen Wangenkuß zur Begrüßung.
»Rauchen ruiniert Ihre Haut.« Ein Trip nach innen war,
Was bei den Denkern Dasein hieß. *Please!*

Öffnet die automatischen Türen von hier bis Schanghai.
Sie laden uns ein in die intime Kreditkartenwelt.
Poesie war ein festes Depot, Sammelstelle für jederlei
Aufruhr im Goldfischglas.
                          Wer hat dich gefragt?
Politik ist der Wetterbericht, der den meisten mißfällt.
Mit diesem Vers wirst du dich schnell isolieren.

Vögeln verleiht Ihnen Selbstsicherheit für den Tag.
Danke, du kannst mich mal. Du mich auch. Ich zahle.

Die Wörter schlafen nicht in den Wörterbüchern.
Sie ziehen um den Block, ziellos, spielen mit Munition
Wie Kinder, die Krieg in sich tragen lang nach dem Krieg.
So hatten wir nicht gewettet, *Herr Nobel*, daß Dynamit
Alles austauschbar macht in Materie, Moral, Malerei.
Partikel, die wild durcheinanderwirbeln, Artikel

In allen Fachzeitschriften, für jedes Fach Abertausende –
Eine Wüstenpiste des Wissens. Und die riesigen Löcher
Zwischen der und jener Bedeutung von »Devotion«,
Die Satellitenbilder von »Delirium« oder »Demokratie«.

Wer war schuld, wer verdarb alles? Dies Milchgesicht,
Das den Smog inhalierte und ausblies als Goldstaubdunst.
Er war schuld, als er die Morgenröte zum Trödler trug.
Diktiert ihr ruhig weiter, Dichter. Die Worte schlafen nicht.

Gefährliche Absenzen

Voller Gemurmel steckt jeder. Eine Tonne, randvoll
Mit Marotten, Geheimnissen, Schwächen, rollt er
Immer ein wenig neben der Spur, nicht ganz bei Trost.
Gefährlich sind diese Absenzen. Sie lassen
Den Körper im Regen stehen. Sie geben ihn auf
Am Postschalter mit den Paketen, an der Busstation.
Frequenzen der Sehnsucht, Radiowellen, sie nehmen
Dem Einzelnen die Konturen.
Und niemals stärker
Als in Zeiten des wilden Verliebtseins, der Eifersucht.
Dann spielen wir Tarzan, schwingen an Leitungsdrähten
Durch die Städte, werden zu Meistern der Telepathie.

Dann schwebt ein Gesicht in der Luft, in Sprechblasen
Springen Ideen auf, ultraweit übertragen. Was sind das
Für tiefe Blicke, was für Stimmen am Einschlafrand?

Bei uns ist es so: Technik regelt das halbe Leben.
Klemmt früh der Psychoknopf, gerät der Tag in Gefahr.
Dann stottert der Generator, blockiert das Hormonsystem:
Der Humor fällt aus, der innere Geigerzähler, der sanfte
Imperativ. Wir schnappen nach Luft wie Flundern an Land.
Ein Stromausfall, und wir sinken zurück in die Stille
Der Märchen, als vieles noch unnahbar war, unerkannt.

Titel: »Von einem, der auszog, das Fürchten zu lernen.«
Zum Glück gibt es Technik, wo alle Technik versagt.
Die Lösung ist: Mehr davon, kleiner, demnächst subkutan.
Wir öffnen die Augen, blicken in eine Welt aus Geräten,
Die perfekt ist, beinah. Nur Frömmler nennen sie inhuman.
Lächelnde Buddhas, wischen wir über die neuen Displays
Und wissen, wir wissen es: Glück ist das Funktionieren.

Geflügelte Kraken

Sonntag, die Glocken läuten – schämst du dich nicht
Der vielen verpaßten Messen? Statt dessen
Lektüre des *Maldoror*: Geflügelte Kraken am Himmel.
Oder Kino und Schöne Künste. Warst das nicht du,
Der unter Museumsbänken die alten Kaugummis fand,
Die Schüler da hingeklebt hatten zu Ehren Watteaus?

Manierismus urbanen Lebens – man läßt sich treiben
Durch ein Sonett. Chronik ohne Anfang und Ende,
Vorbei an Hotels, in denen die Putzfrauen schuften.
Wie gefällt dir das, Tourist zu sein in der eigenen Stadt?
Man kommt sich vor wie das Publikum auf den Veduten
In den Gemäldesälen. Kameras zeichnen dich auf,
Wie du suchend durchs Bild gehst, potentiell Terrorist.
Entwarnung: Du brauchst nicht Revolte noch Ritual.

Die Lage ist die: Während die Sternenkenner gebannt
Den Asteroiden erwarten, stürzt ein Komet ins Haus.
Während die Apokalypse irreal bleibt, ein Opernfinale,
Zieht eine Kleinstadt in Rußland das große Los
Und wird aus dem All bombardiert. Die Erde bebte,
Autos bremsten scharf, Schaufenster gingen zu Bruch.

Echte Menschen bluteten aus echten Schnittwunden.
Für Sekunden schien es, als wär's das gewesen –
Wäre die Fernsehfee weniger kühl geblieben, hätte sie
Aufgeschrien, wie es im Horrorfilm Vorschrift war?
Die Lage war die: Es blieb alles beim alten,
Bei kontrollierter Atmung, verbesserter Bildqualität.

Aber langsam kippten die Büchertürme, plötzlich
Kam ein Verdacht auf und pflanzte sich tief ins Herz.

Innere Leere

Immer wenn mir nichts einfällt, schreibe ich eine Fuge,
Sagt Giuseppe Verdi. Und was macht Tschaikowski?
Ich denke an meine Gage. So schindet man Noten.

Immer wenn *mir* nichts einfällt, mach ich den Abwasch.
Ich wasche viel ab, poliere die Teller, putze die Gläser,
Am liebsten die mit dem Lippenstiftrand. Dabei denke ich
An die Frauen des Abends. Sie waren die klügsten.
Ich ergreife Partei. Stehe lange noch auf dem Balkon,
Halte das Geschirrtuch hoch, eine weiße Fahne, grübelnd,
Woher wohl die Einfälle kommen. Oder höre Satie –
Symphonie der dementen Großstadt. Ich bin auf Empfang.

Mein Kopf ist ein Kognakschwenker. Der letzte Tropfen
Verdunstet bei Sonnenaufgang. Es ist, als hätte ich nie
Eine Zeile geschrieben. Vielmehr, sie sind alle vergessen.

Immer fallen den Türmen die Schatten voraus.
Gestern war übermorgen. Der schiefe Turm
Von Pisa kippt in die Zukunft, seit Jahrhunderten schon.
Er fällt nicht wie, abbruchreif, manches Elternhaus.

Wolkenkratzer gibt es, Türme der Reue, des Größenwahns,
Startrampen des Geldes, doch keinen Elfenbeinturm,
In dem der Einzelne sitzt, um über Türmen zu brüten,
Arabischen Zahlen. Im Orient fing das Rechnen an,
Richtig? Dann zog es westwärts auf Karawanenrouten,
Fraß die Landschaften auf.
                          Was hast du gedacht,
Aus dem U-Bahn-Schacht aufgetaucht, Kopf im Nacken,
Beim Blick in den stahlblauen Himmel über Amerika?

Das Wort *Heute* öffnet sich wie ein Löwenmaul.

Vom Füttern der Hyänen

Für Stefan Zweifel

Ist das denn denkbar: Der Bruch mit der Literatur?
Kein höheres Gut, das den Wortehandel noch lohnte:
Gott eine Chiffre, die Schöpfung ausgeschöpft?
Und Leben hieß Anpassung. Das Alphabet ödet an –
Wie das Gezänk nebenan, Nachbarschaft im Geflimmer
Der Bildschirme, Simulationen des Aufrechtgangs,
Bemüht um das Grundgefühl, das Gesellschaft leimt.

Aber einer schrieb sich zu Ende, verlorener Europäer,
Ließ früh alles hinter sich, bis auf die Quintessenz.
Daß man Gedichte nicht essen kann, fiel ihm auf –
Sowenig wie Austern auf Stilleben, kolorierte Äpfel.

Acht Kilo Gold trug er am Gürtel, und das in der Hitze
Am Horn von Afrika. Neun Jahre Kampf, dann kaputt.
Ein Reiseziel heute: Hyänenfüttern vor den Toren Harrars.

Tausche: Großes, schlecht funktionierendes Herz,
Batteriebetrieben, Typ Schwarzwälder Kuckucksuhr,
Gegen Toaster für Brustkorbbräune, Codewort *Monaco*.
Was historisch ein Bild ergibt, enthält es auch dich?
Suche Bedienungsanleitung für Seelen älterer Bauart,
Mystiker-Seelen, Seelen mit niedriger Seriennummer.
Tausche: Edelstahl-Stirn gegen zarten Busen. Bitte nur
Seriöse Angebote, keine Ersatzstoffe (Silikon).
Suche Saphirnadel zum Abspielen inniger Liederzyklen,
Gern auch atonale, biete den letzten Weisheitszahn.
Tausche Prostata (Garantie) gegen Reptilienhaut.
Fange immer wieder von neuem an. Nur mein Körper
Sammelt die Unfälle, steht morgens grundlos auf.
Hab nur den einen, gebe ihn gern leihweise her.

Dada

Was für ein Tag! Ich trieb durch die Fußgängerzone
Und war der tausendste Mann, den ein Team blonder Girls
Für eine Werbeaktion ansprach. Ich war der elfte Kunde
In der Boutique, der heute ein Hemd (taubenblau) kaufte.
Das Gespenst im Schaufenster war ich. Die Spiegelung
Gefiel mir, und ich machte ein Photo meines Schattens.

Ich sah den Mann in Lumpen, der mit der Taschenlampe
In den Mülltonnen am Straßenrand nach Flaschen fischte –
Und der war ich! Ich war der Penner unter der Brücke,
Umringt von Einkaufstüten, unter der Plastikplane.
Ich war das Zielpublikum im Filmpalast für den Streifen
»Ein Mann sieht rot«.
                    War das Geißlein im Uhrenkasten.
Um bei Verstand zu bleiben, las ich zum Einschlafen
Dadaistische Manifeste: Dada ist die beste Marmelade.

Freiheit – und weiter ging der Verkehr. Die Idee
Hat sich ausgedehnt unterwegs. Am Ende der Mole
Stand ein Topf aus Beton, keiner wußte, wofür.

Der Kiosk am Meer, das *war* sie. Im Fenster hingen
Blaustichige Ansichtskarten verblichener Sommer.
Wie sind wir hierhergekommen? Der Brandung folgend ...
Wer ist noch derselbe nach Jahren der Egomanie?

Über den Wolken schlafen die Mauersegler,
So geht die Legende. Aber wie geht sie weiter?
Verzeihung, wir kannten uns kaum. Und Zeit war
Kein Eigentum, das der Einzelne schützte wie die Natur.
Ist der Sand enttäuscht, wenn die Dämmerung fällt?

Wir sprechen, blinzeln, solang wir am Feuer sitzen.
Wenn du sie siehst, grüß sie von mir. Sag guten Tag.

Misanthropischer Humanist

Das Gehirn ist eine Rumpelkammer, nicht wahr?
Das Gehirn hält Kurs, egal, was geschieht, wer regiert.
Das Gehirn weiß im voraus um jede neue Gefahr.
Ich hatte mir vorgenommen, nicht unterzugehen. Nun

Bin ich da angelangt, wo die Schwächen sich tummeln.
Sie spielen verrückt, suchen Anschluß, ringen, sehr familiär,
Um Anerkennnung – wie Kinder, die Süßes erbetteln.

Versuch, sich selbst zu beschreiben: Du bist
Misanthrop aus Geselligkeit, aus Einsamkeit Humanist.
Kein Fragebogen erfaßt dich. Du selbst faßt es kaum,

Dazusein, mitten im Irrsinn – meistens am falschen Ort.
Das Gehirn ist kein Bunker, aber draußen herrscht Krieg
Um alles, was maßlos ist: Glaube, Geschlechterglück, Geld.
Das Hirn gibt nie Ruhe, es protestiert, prozessiert immerfort.

7

In was für rauhen Regionen wir die meiste Zeit,
Fern der vertrauten Umgebung, verbringen,
In den erinnerungslosen Phasen der Nacht,
Zeigt sich erst, wenn ein Zwischenfall
Uns aus dem Schlaf reißt. Ein Kind hat geschrien,
Ein Alarmton uns wach gerüttelt: Da stürzen
Wir aus der inneren Dunkelheit bruchlos
In die äußere – das Gelände der Gegenwart
Mit seiner Vielzahl von Dingen auf nacktem Belag.
Nicht nur der Wecker tickt, auch das Herz
Macht Geräusche inmitten der schlaflosen Stadt.
Der Schock des Wiedererkennens gleitet
Vorbei mit den Jahren, und nun erweist sich,
Daß es ein Territorium gibt, zu dem der Traum
Nur ein Vorspiel war – wie ein japanischer Film
Ohne Untertitel: Abenteuer in einer fernen
Gebirgslandschaft, einer grausamen Ära
Mit viel Regen, Geschrei, sterbenden Samurai,
Oder was immer gerade die Leinwand füllte
In den Momenten der Gegenzeitlichkeit –
Bevor wir in tiefere Schlafschichten sanken.
Eine Welt, zu der wir nie Zugang fanden.

Schrift hält fest, was wir sind, kaum daß von uns
Etwas nach außen dringt. Das Unbewußte
Entgeht ihr. Es ist da, wo wir unbedacht wandeln
Wie das Kind, das schon jahrelang schrie.
Oder anders: Es gibt ein Land, das wir betreten,
Wenn das innere Auge geschlossen ist. Dort
Geht die Sonne nie unter, und immerfort
Herrscht dieselbe arkadische Helligkeit, ein Licht
Wie nach der Sonnenfinsternis. Wir sind,
Wenn wir träumen und uns als Zeugen

Im Traum erkennen, längst auf dem Rückzug
Von diesen unvordenklichen Wanderungen
Durch die Zentralmassive des Schlafs.
Geröll unterm Schnee, das ist die Zone,
In der es falsch ist, zu sagen: *ich denke* – ein Feld,
Aus dem keine Information nach außen dringt,
Vom Tiefschlaf beschützt, ein Sperrgebiet. Es liegt
Immer schon fern, wenn die Träume enden,
An die wir uns später bruchstückweise erinnern.

Was erzählbar ist, scheint gerettet. Es wird
Integriert in das Märchen vom chronischen Ich,
Das der Traum um uns schlägt wie einen Mantel.
Wir gehen herum in den Außenbezirken der Kunst,
Die in uns schlummert. Auch schien der Mensch
Im Schlaf schwerer zu sein. Schwerer als was?
Von früh an wird sie gesammelt, aus Fetzen,
Die kaum zueinander passen: Diese eine Person,
Die auftaucht, während sie untergeht, sich findet
In Momenten der Schwäche und des Verlusts.
So fangen wir immer gerade erst an,
Ermüdend auf halbem Weg. Wie in den Museen
Viele erschöpft auf den Bänken dämmern,
Umgeben von Flußlandschaften, in denen Nymphen
Natur symbolisieren und eine nackte Venus
Sie träge im Auge behält unter gesenkten Lidern.
Müde der Fingerzeige aufs eigene Herz
Oder himmelwärts unten am Jordan, wo einer
Die Taufe empfing, und im Gewimmel
Der Figuren auf einem Sarkophag,
In vager Schäferlandschaft oder hinaus in ein fernes
Dickicht der Wälder, schlafen sie ein
In den Louvres, den Prados und Eremitagen.
Sie schlafen den Fernfahrerschlaf inmitten
Quasselnder Schulklassen, disziplinloser Massen,
Die sich der Kunst unterwerfen, als wäre nun sie

Der vielfach umworbene, schwer zu erobernde
Mittelpunkt aller Betriebsamkeit,
Lohn der Mühen so vieler Geschlechter.

Und das war nur einer der stillen Kurzschlüsse
Im Traum, der die Außenwelt absorbierte.
Etwas anderes waren die nackten Leiber,
Die noch zu allen Zeiten Wege bahnten,
Jedes Walddunkel lichteten, das Grün der Wiesen
Und Uferhänge erhöhten, hinter Ruinen
Trost versprachen mit ihrem milchigen Inkarnat,
Selbst eine Augenweide.
                                    Ich gebe auf,
Sagt sich mancher in Anbetracht dieser Frauen
Lässig hingelagert, halb schlummernd, halb
In ein Spiel der Augen vertieft an den Quellen,
Den anmutigen Stellen inszenierter Natur –
Vor den rauchigen blauen Fernen
Lombardischer Hügel, asolanischer Berge
Mit Primeln und Rebhühnern im Vordergrund,
Delikat gepinselt wie um die Scham der Schleier,
Und nickt ein, als hätte das Murmeln der Farben,
Ein Geflüster hinter den Leinwänden hervor,
Ihn zwischen allen Terminen gefällt.
Dann bringt ein Luftzug die Stadt ins Gewicht,
Ihr Rauschen zur Schließzeit. Wir wechseln die Plätze
Und sind wieder die alten, unauffällig gekleidet
Wie immer jenseits von Traum und Karneval.
Nun reden wir plötzlich, reden und gleiten im Reden,
Die Hand auf dem Rücken, sicher dahin
Auf den weithin gebahnten, angenehm glatt
Polierten Oberflächen psychischer Standards,
Umkurven Wissenslücken, tauschen Vertrautes.
Darunter liegen, zunehmend unbehaust,
Fürchterlich anzuschauen nach Jahren der Dürre,
Wie im Bergsee die Spiegelung dunkler Felsen,
Die Reiche der Phantasie, Negativhimmel
Des nie gestillten Verlangens.

Sie bringen das Verstummen mit sich
Wie der Gedanke an die kalten Schultern
Der Felsengipfel, Halden von Geröll und Schutt,
An denen uns der Übergang tröstet: sie als Paß
Und herrliche Gebirgetreppe, wie der Abstieg
Über die Alpen nach Italien – von diesem Grau
Zu jenem Blau im Tal, drei Halbtonschritte höher.

Bis wir erneut ansprechbar sind, und vorbei sind
Der stumme Alleingang, das Konzerterlebnis,
Die Verlorenheiten in den Kühlhallen der Kunst,
Dies Abtauchen in eine Isolation, absolut,
Von der die Träumer wenig berichten können,
Weil alles vergessen ist, nie erinnert war.

8

Das Antiquariat, das meine überzähligen Bücher schluckt, heißt »Antiquadrat«. Zweimal im Jahr kommt jemand vorbei, der die Regale in meiner Schreibstube plündern hilft. Es ergibt sich, daß auch Wertvolles in die Kisten wandert, Bücher, die ein Leben verändern könnten. Aber der Platz reicht nicht aus, also geb ich sie her. Kaum gelesen, halb verstanden, geopfert vor ihrer Zeit, weil das Laster des Lesens Treue nur ausnahmsweise erlaubt.

Meine Schreibstube: Hoch oben liegt sie, in einem Berliner Miethaus, das eigentlich eine Pension ist. Die Bewohner, einander fremd, gehen darin ein und aus wie Gäste auf Großstadtbesuch. Fehlt nur die Rezeption oder die Bar im Hinterhof, wo in Reih und Glied die Müllcontainer bei den Fahrrädern stehen. Über die Schließzeiten im Treppenhaus aber wacht die Concierge, eine winzige Witwe im Erdgeschoß.

Meine Schreibstube: Eine breite Fensterfront, Triptychon aus zwei Drittel Backstein, Beton und Birken, einem Drittel Wolkenpanorama. Vor den Scheiben ziehen die wachen Stunden des Tages vorbei. Von rechts fährt die S-Bahn vorüber, von links rauscht ein Fernzug ins Zentrum der Stadt. Nur der Kirchturm im Hintergrund und die älteste Hochgarage Europas – sie stehen wie der große und der kleine Zeiger meiner kaputten Armbanduhr.

Wir treten auf der Stelle, wir Einwohner Berlins, die wir uns kennen und regelmäßig treffen – auf den Kindergeburtstagen, den Silvesterpartys, bei den Abendessen in den verschiedenen angesagten Lokalen. Hospitalisierte sind wir der großen Stadt, die ein Gehege ist, das uns schützend umgibt. In dem wir uns paaren, trennen, wieder zusammenfinden. Große, theatralische Momente des gemeinsamen Alltags sind das. Welches Buch hast du gelesen, welchen Film hast du gesehen? Selten, daß die Meinungen einmal zusammengehen.

Von Zeit zu Zeit gellen zwischen den Hochhäusern rings um die Gedächtniskirche schrille Affenschreie herüber. Es sind die Gesänge des Siamang, eines ostasiatischen Kletteraffen, in seiner engen Zirkusmanege aus Gitterdraht. Er ruft nach dem Geschlechtspartner, als wäre er draußen in den Wäldern Sumatras unterwegs. Verzweifelte Liebesschreie eines streng monogam Lebenden. Es geht ihm wie den vielen Unbekannten in ihren Hinterhofwohnungen. Für die meisten Passanten am Bahnhof Zoo bleibt dieser Troubadour mit dem großen Kehlsack unsichtbar. Nur die Schreie brechen aus dem Käfig hervor, sie dringen durch Mark und Bein des Großstadtbewohners.

Es heißt, mit den Orang-Utans könne man keine Verhaltenstests machen. Sind sie zu schlau dafür, zu selbstversunken? Sympathische Tiere, sie spielen nicht mit. Nur wenn es um Futter geht, sind sie dabei. Geduldig sitzt Mano, der alte Anführer, vor dem Futterautomaten und angelt mit einem Stöckchen Erdnüsse und kleine Pellets heraus, indem er sie von Etage zu Etage weiterschiebt, bis sie unten durch das letzte Loch in die aufgehaltene Pfote fallen. Oder sagt man nicht besser: Hand? Es ist eine Art Golfspiel, das viel Geduld und einige Intelligenz verlangt. Das komplizierte Prozedere wird so lange wiederholt, bis der letzte Bissen aus der Imbißbox entwendet ist.

Der Schwierigkeitsgrad erhöht sich, wenn der erfahrene Orang das Stöckchen mit dem Mund dirigiert. Manchmal gelingt es ihm, den Jackpot zu knacken, indem er gleich eine ganze Handvoll Futterbrocken abkassiert.

Eigenartig ist die stoische Ruhe dieser Tiere. Man nennt sie die *Waldmenschen* – das indonesische Wort für diese besondere Affenart. Sieht man den langen Fellmantel der älteren Männchen, an Teppichvorleger erinnernd, ihren rotbraunen Zottelpelz, aus dem das breite Tellergesicht strahlt, ist die Bezeichnung einleuchtend. Es könnten Einsiedler sein, die sich in die Wälder Sumatras und Borneos zurückgezogen haben auf der Flucht vor einer unbekannten Zivilisation. In nicht allzu ferner Zukunft wird diese Zivilisation alles, was ihnen überlebensnotwendig ist, vernichtet haben.

Lesefehler

Stunde um Stunde im Affenhaus – seit einem Jahr sind wir dort regelmäßig Besucher, die jüngste Tochter und ich. Wie andere in den Park zum Spazieren, gehen wir in den Zoo und spielen Primatenforscher. Die große Verlockung ist: unseren Ururahnen in die Augen zu sehen. Versuch einer Kontaktaufnahme mit Außerirdischen. Auch die Affen behalten den Überblick hinter der Glasscheibe. Ihr prüfender Blick kommt wie aus weiter Ferne, bevor sie abblenden, sich abwenden. Manchmal scheint es, als sähen ihre dunklen Augen durch uns hindurch.

Menschenaffen: man erzählt uns, sie seien die letzten gewesen, bevor der Stammbaum sich abzweigte in Richtung *Homo erectus*. Sie waren die letzten – vor uns, den Anderen, die auf einem höheren Ast sitzen, mit dem Himmel auf du und du. Darum behandeln wir sie jetzt wie Objekte, nicht wie Personen mit eigener Würde, eigenem Recht. Man hat sie auf Jahrmärkten ausgestellt, hat sie ins All hinausgeschossen, in Versuchslaboren gequält – am wenigsten anfechtbar ist noch ihr Dasein als Zootier, wo sie wie im Laderaum der Arche Noah überdauern. Aber es sind Gefangene, ihre Käfige ähneln den Zellen im Todestrakt amerikanischer Strafanstalten. Da trauert das Schimpansenweibchen in seiner Ecke. Dort posiert ein schweres Gorillamännchen, der Ranghöchste, wie ein Bodybuilder auf seinem Holzblock. Sie dämmern dahin, mit den trägen Bewegungen der lebenslänglich Internierten.

Nur bei den Zwergschimpansen herrscht immerfort munteres Treiben. Bei keiner anderen Tierart ist die Präsenz einer höheren Intelligenz so spürbar wie bei ihnen. Diese untersetzten, haarigen, tiefschwarzen Wesen sind, wie man jetzt weiß, die uns Nächstverwandten im ganzen Tierreich. Sie stehen uns näher als den Gorillas und Orang-Utans – das ergab der Genom-Vergleich. So die Tatsachen, aber kann man es auch mit bloßem Auge erkennen? Zeigt es sich am Verhalten?

Zwergschimpansen, bei den Stämmen am Südufer des Kongo Bonobos genannt, sind die spätesten vormenschlichen Säugetiere der Evolution, Lebewesen auf halbem Wege zwischen der Menschheit und dem Rest des Zoos. Alle die Zwischenglieder – der Vormensch, der Frühmensch, der Urmensch – sind ausgestorben. Erstaunlich, daß nicht alle Besucher zu diesen Kronzeugen der laufenden Entwicklung pilgern. Fürchten sie den Blick in den Spiegel? Eine Gruppe von Bonobos bei ihrem täglichen Treiben zu beobachten ist wie die Aussicht in eine bessere Zukunft, eine Zeit der sozialen Befriedung, der größeren Anmut und des sexuellen Gelingens, das leider immer und immer wieder aufgeschoben wird.

Im Durchschnitt bleiben Zoobesucher etwa sechs Minuten vor den Käfigen stehen. Wenn nur das fortwährende Geplapper nicht wäre. Ununterbrochen machen sie ihre albernen Bemerkungen, kichern und grunzen vor Freude über die lustigen Geschöpfe hinter der Glasscheibe. Als wollten sie die Erinnerung an eine Niederlage verdrängen. Jede Bewegung wird kommentiert, gern auch nachgeahmt. Da geht es zu wie in einem Spiegelkabinett: Man schneidet Grimassen, macht sich lustig über die Schamlosigkeit dieser unfreiwilligen Pornodarsteller. Es gibt die Stammbesucher, einsame ältere Frauen, die ihre Lieblingstiere mit Namen kennen. Sie bleiben am Rand, und eifersüchtig verfolgen sie jede Aktion in der Horde. Handaufzucht, flüstern sie einem vielsagend zu, beschweren sich über die Tierpfleger und zählen die Kinderkrankheiten jedes einzelnen ihrer Adoptivkinder auf.

Ein amerikanischer Anthropologe warnt davor, Beobachtungen an Menschenaffen in Gefangenschaft zu verallgemeinern. Möglicherweise sind sie genauso aussagekräftig wie Untersuchungen an Strafgefangenen für das Verständnis vom normalen menschlichen Zusammenleben. Was wir sehen, könnten verkümmerte, eintönige, durch das beschränkte Reizumfeld stumpf gewordene Verhaltensmuster sein, die nichts über das Leben in freier Wildbahn aussagen, wenig über den Ausdrucksreichtum tierischen Verhaltens. Und wie ist es mit uns? Manchmal fühle ich stark mein eigenes Zootierdasein. Ich bin jemand, der sich Tag für Tag im Gehege der großen Städte bewegt. Achtung, gleich kommt die Fütterungszeit im nächstbesten Lokal. Das nächste Rendezvous, Mann und Frau in der Warteschleife der Gefühle. Präzision der Verfehlung. Wieder quälen die Taxis sich durch den abendlichen Verkehr.

Unterirdische Ströme, Grundwasserrinnsale verbinden die Orte der Stadt. Aber die Füße wissen nichts davon. Wir gehen auf Asphalt und Granit, folgen den Gehwegplatten zwischen dem Mosaikpflaster wie programmiert. Gerade Pfade von A nach B – an die wir uns halten im

Alltag. A wie Apotheke und B wie Bushaltestelle. Und hinter unserem Rücken geschieht – Geschichte. Wieder ist es November, Monat der Revolutionen und Konterrevolutionen in diesem Land. Manche haben den Verlauf der Straßen verändert. Hier wurde ein Haus weggesprengt, dort ein neues errichtet. Und immer wieder sind die Straßennamen ausgetauscht worden. In der Erinnerung wird das Ganze zum Labyrinth. Die Kälte sitzt mir wie eine Krone auf dem Kopf.

Gängige Lehre: Individuelle Variationen innerhalb der Tierarten entstehen infolge von Ablesefehlern bei der Reproduktion der DNA. Pigmentzellen der Haut, aber auch manche Schädelknochen, stammen aus der Neuralleiste in der Entwicklung des Embryos. Da kann einiges wandern. Irgendwann ist die Art abgebogen, sie stieg vom Baum und begann, im Flachland umherzustreunen, wie immer auf Nahrungssuche. Bonobos können lange aufrecht gehen, in einer merkwürdig schiebenden Gangart, als müßten sie einen Teller heißer Suppe servieren. Das sieht sehr menschlich aus.

Charles Darwin berichtet von drei Feuerländern, echten Eingeborenen, die eine Weile in England gelebt hatten, dort erzogen und an Bord der Beagle nach Patagonien zurückgebracht wurden, sie hätten sich binnen eines Jahres mühelos wieder ausgewildert. Über alle Kontinente sind die Tierarten verbreitet, bis in den letzten Winkel der Erde ist ihnen der Mensch gefolgt. Fast überall gibt es Schlangen, nur nicht in der Antarktis. Vor drei Millionen Jahren starb Lucy, beim Sturz von einem Baum. Vor zweitausend Jahren Jesus Christus, Erfinder der Nächstenliebe, am Kreuz.

Kondensstreifen am Morgenhimmel
Über dem eisig glänzenden Kanal,
Während wir in den Montag kriechen.

Die Sonne, eine Blutorange, träufelt
Der klammen Stadt Vitamine ins Hirn.
Ein Flugzeug schwebt auf der Stelle,
Eines der nächsten ist meins.

Die Freunde werweißwo, die Frau
Lag nachts schlaflos, jetzt träumt sie.
Und keiner erreichbar. Die Kinder
Hat die Schule früh aufgesaugt.

Ein Graben von fünfzig Jahren
Trennt mich von meinem Beginn,
Der Idee, die mein Begehren war.

Das Wort hat mich ausgelost, das Wort,
Mit dem ich die Welt umarme.
Mit dem die Welt mich umarmt.

Unterm Wasserspiegel

>»Die andere Welt ist auch diese Welt.«
>*Tomas Tranströmer*

In Stockholm Regen, er fällt auf die See vor der Haustür,
Rauht die Wellen im Strom auf, poliert das Pflaster
In den Gassen der Altstadt, salbt die Fähren am Kai.

In diesem Augenblick schweigt der Dichter. Er ist
Seit langem verstummt, spielt noch manchmal Klavier
Mit der Linken, sitzt lächelnd im Rollstuhl. Nun schweigt er.

Später kam dann die Ostsee in Sicht. War das im Traum?
Die schmalen Kelims zwischen den Schären, die breiten
Zwischen den Schiffen unterm Kreuz des Flugzeugflügels:
Es gab keinen Halt als diesen – hoch in der Luft.

Nicht viel wird gehoben mit Worten, nicht viel.
Der größere Teil eines Menschenlebens bleibt schattenhaft
Unterm Wasserspiegel, undeutbar für immer.

In Locarno kapitulieren die Kamelien,
In Ascona die Azaleen zum Osterfest
Vor der sonnendurchglühten Lethargie.
Am Seeufer locken nackte Platanen,
Riesigen Ingwerwurzeln gleich
Aus dem Pflaster ragend,
In einen obszönen Traum.

Wir suchten das letzte Haus am Platz,
Fern der Sonnensessel, die alle
Vergeben waren an die rüstigen Greise,
Die hier den Ton angaben. Blicke
Schweiften hinauf zu den Eiskammern
Der Berge, wie Pharaonengräber aufgereiht.
Wir aber saßen am Fuß der Alterspyramide,
Gäste der Festivals, die nun ersetzen,
Was einmal Höhenflug war, letzter
Leichtsinn, ein Tanz im Freien
Über den Aschehalden Europas.

Unmöglich, die Flucht aus der Zeit.
Grämten wir uns? Die Saat
War nicht aufgegangen, die verjüngten
Psychen waren wieder die alten, und wir
Mußten von vorn anfangen inmitten
Der schwer in die Hügel sinkenden,
Immobilen Schatten, der Perversionen
Des Geldes und der trägen stationären Natur.

Ljubljana

Für Aleš Steger

Der Name klingt nach Jubel. Eine Zunge lacht,
In ihrer Höhle aufgeweckt von den Labialen,
Die sich am Gaumen treffen hier wie nirgendwo.
Sie schmeckt die Luft, in der Illyrien schwingt.

Am Markt vorm Dom springt dich ein Himbeerrot,
Das Gelb der Pfifferlinge an, ein Steinpilzbraun.
Den Fisch verkauft man unter weißen Säulengängen.
Ein Reisigbesen stellt sich tanzend in den Weg.

Ein Dichter hat den Hauptplatz okkupiert: Er trotzt
Im bronznen Gehrock Sonnenbrand und Regen.
Man hat ihn gern mit seinem Liebeskummerblick.

Dann sind da Brücken, so absurd eng aufgerückt,
Daß man sich fragt: Ist das Spazieren hier ein Sport?
Vom Burgberg sieht man, wie die Leute um den Fluß
Ein Zickzackmuster stricken, je nach Tageszeit.

Es ist dieselbe aufgestaute Welt wie überall,
Wo Wasser Siedeln half. Nur bleibt sie hier diskret –
Bis man das Knie losläßt und nimmt die Tito-Straße
Hinaus durch den im Ostblock fröhlichsten Beton.

Für Athanassios Lambrou

Ein rauher Wind weht auf dem Oberdeck. Die Inseln
Ziehen lange schiffseits mit, dann sind sie fort,
Von Meer und Himmel aschblau überpinselt.

Der Luftraum meldet: Einbruch feindlicher Kohorten
Aus Nord, zerschlißne Wolkendecken, Perserfetzen.
Längst schlafen, die hier regelmäßig übersetzen.

Das Volk der Pendler durch die Archipele, Tausende,
Die täglich auf dem Wasser sind: Sie zählen nicht –
Wie jene, die nicht wählen gehen, die Teilnahmslosen,
Die toten Pensionäre, die auf Formularen weiterleben.

Fiktion war nun die Polis, die im Dunst versank,
Athen, das schmutzigweiße, die Millionenfalle.
Einer stand bei den Trossen, hustend, lungenkrank.

Und was bedeutete das Leuchten? Von weit her
Grüßte durch Tempeltrümmer eine Zukunftsnymphe.
Das Festland drückt, Entlastung bringt das Meer.

Die Reise nach Jerusalem

Durchs Jaffator strömten die Pilgerscharen.
Ein Wunder nur, daß wir darunter waren.

Beim Neuen Tor, wo Griechen, Armenier wohnen,
Standen knallbunte Buden voller falscher Ikonen.

Hinterm Damaskustor fing der Orient an.
Das war der Weg, den der Sandalenmönch nahm

Durch enge Gassen, überfüllt mit Chinakram –
In Gedanken an ihn, den Schmerzensmann.

Golgatha war jetzt ein belebter Basar
Im arabischen Viertel. Und die größte Gefahr

War statt Sprengstoffanschlag und Attentat,
Daß vor Christi Grab einer dir auf die Füße trat.

Am Herodestor war es still. Bis ein Knacken
Im Lautsprechertrichter die Gläubigen packte.

Nur gut, daß sich abends das Licht erbarmte.
Um den Felsendom kreiste ein Taubenschwarm.

Durchs Löwentor führte zum Ölberg ein Pfad.
Man überquerte zuerst eine Fernverkehrsstraße,

Sie lief durch den Talgrund von Josaphat
Zum Garten Gethsemane. Da stand man verlassen.

Das Goldene Tor blieb für alle Zeiten nun zu.
Kein Dschinni schlüpft durch, weder *gentile* noch *jew*.

Am Dungtor versperrte kein Kamel den Verkehr.
Ein Soldat schob das Sperrgitter lässig hin und her
Und streichelte dabei sein Maschinengewehr.

Durchs Zionstor ging es zur Stadt Davids hinaus.
Ein Alpha Jet sorgte für Donnergebraus

Vom Himmel hoch her über dem Heiligen Land –
In dem manch einer Gott, niemand Ruhe fand.

Planetarium

Dies ist das All im Kinderaugenglanz, ein elektrisches All
Unterm Himmelsdom, im phantasierenden Licht
Des Projektors – wie ausgeblasen bei Stromausfall.
Das sind die Sterne, die Planeten noch einmal,
Versetzt in einen Kinosaal. Sie sind weit näher,
Intimer als da draußen die realen, fast zu Haus.
Vertraut wie Kinderspielzeug, irreal in einem Raum,
Der zwischen Knall und Knall unmerklich expandiert.

Da geht es zu wie unterm Schädeldach. Sie sitzen weit
Zurückgelehnt in weichen Fernsehsesseln, machen *Ahh*
Und machen *Ohh*. Ein Farbencocktail explodiert
Wie im Gehirn unfaßbar Großes oder ein Container
Mit Infomaterial zum Thema Schwangerschaft und Krebs.
Laserkanonen zaubern auf die Wölbungen der Kuppeln,
Die kleinen Stirnen, Himmelsbilder. Überschwemmt
Von großen Emotionen ist der Mensch bei sich
Im Anblick dieser Sternennebel, Asteroidenstürme.
Hier wird im Zirkusstil das Unfaßbare inszeniert,
Aufstieg und Fall der kleinen Welt, in der wir schalten.

Milchstraßen schießen aus den schwer gepreßten
Brüsten gestreßter Götterfrauen. Keiner weiß,
Wo oben, unten ist in diesem stroboskopdurchblitzten
Materie-Schaum. Dann hört man dies: Canopus,
Leitstern der Weltraumfähren, war die richtige Adresse.

Denn überall sind Ziele, Namen. Laßt es in euch sinken,
Genießt das Hiersein in der einzig feuerfesten Zone.
Zum Glück vergessen haben wir, wie lange das so ging,
In Canyons, Grotten, unterm Kraterrand zu wohnen, ohne
Die Technik, sich hinaufzuträumen durch Berechnung,
Hinaus ins All, das, von barocken Arien untermalt,
Die Planetarien simulieren. Dies war die Legende
Der einen Galaxie von vielen, dreizehn Milliarden Jahre alt.

Orion neigt sich übern Horizont.
Der alte Himmelsjäger zieht
Die Winterbilder in den Untergang.
Der Große und der Kleine Hund –
Die Jagdgefährten – halten Schritt.
Inmitten Sirius, der hellste Stern.

Sie treiben abwärts nach Australien,
Der Große und der Kleine Hund –
Die Jagdgefährten, die Orion,
Der Himmelsjäger, mit sich zieht
Im Untergang der Winterbilder,
Darunter Sirius, der hellste Stern.

Die Sonne kreuzt den Frühlingspunkt,
Venus verläßt den Abendhimmel.
Die Tage werden langsam länger.

Gefragt, was es ist

Das große pockennarbige Palmenblatt
Vor der Papeterie in Papete.

Die Bikinireklame an der Busstation
Einer Bergarbeitersiedlung in Böhmen.

Die kleine Verwirrung im Photostudio –
Wie bin ich in dieses Licht geraten?

Die rosa Karteikarte des Philologen,
Der einen Vers aus der Ilias kommentiert.

Post, die der lahme Briefträger vergaß
In einem Sack mit der Aufschrift Azoren.

Nun ist es doch anders gekommen, anders
Als je gedacht in unseren Abendkursen.

Wir wissen nicht, wer die Rede hält,
Die morgen ein Heer von Helden schafft.

Kampfmaschinen waren der letzte Schrei,
Als unsere Enkel noch ins Kino gingen.

Was nun? Wie soll ich den Tag verbringen,
Da die Weltausstellung zu Ende ist?

Von Tauchern, fern der Küste, gefunden:
Ein gelber Lochstreifen am Meeresgrund.

Die Besonnenheit traumdichter Bilder
In der Bananenrepublik des Realen.

Inhalt